Wissenschaftliches Arbeiten am Beispiel
der Facharbeit in der gymnasialen Oberstufe

Beiträge zur Schulentwicklung | PRAXIS

herausgegeben von
der Qualitäts- und UnterstützungsAgentur –
Landesinstitut für Schule des
Landes Nordrhein-Westfalen

(QUA-LiS NRW)

Barbara Beck & Anja Lübeck

Wissenschaftliches Arbeiten am Beispiel der Facharbeit in der gymnasialen Oberstufe

Eine Handreichung für
Lehrkräfte sowie Schülerinnen und Schüler

Waxmann 2016
Münster · New York

Bibliografische Informationen der Deutschen Nationalbibliothek
Die Deutsche Nationalbibliothek verzeichnet diese Publikation in der
Deutschen Nationalbibliografie; detaillierte bibliografische Daten sind
im Internet über http://dnb.dnb.de abrufbar.

Beiträge zur Schulentwicklung | PRAXIS

herausgegeben von der Qualitäts- und UnterstützungsAgentur –
Landesinstitut für Schule des Landes Nordrhein-Westfalen
(QUA-LiS NRW)

ISSN 2509-3479

Print-ISBN 978-3-8309-3433-2
E-Book-ISBN 978-3-8309-8433-7

© Waxmann Verlag GmbH, Münster 2016
www.waxmann.com
info@waxmann.com

Umschlaggestaltung: Pleßmann Design, Ascheberg
Titelbild: © stokkete – Fotolia.com
Satz: Stoddart Satz- und Layoutservice, Münster
Druck: Hubert & Co., Göttingen

Gedruckt auf alterungsbeständigem Papier,
säurefrei gemäß ISO 9706

Printed in Germany
Alle Rechte vorbehalten. Nachdruck, auch auszugsweise, verboten.
Kein Teil dieses Werkes darf ohne schriftliche Genehmigung des
Verlages in irgendeiner Form reproduziert oder unter Verwendung
elektronischer Systeme verarbeitet, vervielfältigt oder verbreitet werden.

Inhalt

Vorwort zum Band
„Wissenschaftliches Arbeiten am Beispiel der Facharbeit in der gymnasialen Oberstufe – Eine Handreichung für Lehrkräfte sowie Schülerinnen und Schüler" 9

1 Heranführung an wissenschaftliches Arbeiten: Aufgaben und Ziele des Erstellens einer Facharbeit 11

2 Thematischer Überblick 13

2.1 Alltagswissen und Wissenschaftswissen 13

2.2 Themenwahl, Themeneingrenzung und Fragestellung 14

2.3 Bestandteile und Gliederung 15

2.4 Quellenrecherche, Quellenbeurteilung und Quellenauswertung 15

2.5 Zitieren und Literaturverzeichnis 16

2.6 Der Schreibprozess 17

3 Materialien zur Prozessbegleitung 18

4 Materialien zur individuellen Förderung 29

4.1 Themenwahl, Themeneingrenzung und Fragestellung 29

4.2 Bestandteile und Gliederung 38

4.3 Quellenrecherche 50

4.4 Quellenbeurteilung und Quellenauswertung 71

4.5 Zitieren und Literaturverzeichnis 88

4.6 Der Schreibprozess 98

5 Anregungen zur Bewertung von Facharbeiten 103

Literatur 104

Verzeichnis der Kopiervorlagen

Materialien zur Prozessbegleitung

KV P1:	Gesprächsvorbereitung – Themenwahl	20
KV P2:	Gesprächsprotokoll – Themenwahl	21
KV P3:	Gesprächsvorbereitung – Gliederung	22
KV P4:	Gesprächsprotokoll – Gliederung	23
KV P5:	Gesprächsvorbereitung – Quellenauswahl & Zitieren	24
KV P6:	Gesprächsprotokoll – Quellenauswahl & Zitieren	26
KV P7:	Gesprächsvorbereitung – weitere Termine	27
KV P8:	Gesprächsprotokoll – weitere Termine	28

Themenwahl, Themeneingrenzung und Fragestellung

KV A1:	Info: Auswahl des Themas und der leitenden Fragestellung	30
KV A2:	Hilfe: Themenwahl	33
KV A3:	Hilfe: Themeneingrenzung	35
KV A4:	Hilfe: Festlegung der leitenden Fragestellung	36
KV A5:	Checkliste: Themenwahl und Fragestellung	37

Bestandteile und Gliederung

KV B1:	Info: Bestandteile einer Facharbeit – Überblick	39
KV B2:	Info: Einleitung, Hauptteil und Schluss	41
KV B3:	Info: Gliederung einer Facharbeit	44
KV B4:	Info: Einbindung diskontinuierlicher Texte	46
KV B5:	Hilfe: Formulierungshilfen für Einleitung und Hauptteil	48
KV B6:	Checkliste: Bestandteile und Gliederung der Facharbeit	49

Quellenrecherche

KV C1:	Info: Quellenrecherche – Ein Überblick	51
KV C2:	Info: Wo finde ich Quellen?	53
KV C3:	Info: Wie finde ich Quellen? (1) – Erstellung einer Schlagwortliste	55
KV C4:	Info: Wie finde ich Quellen? (2) – Erweitertes Schneeballsystem	57
KV C5:	Info: Recherche in Literaturdatenbanken – Vertiefung	59
KV C6:	Hilfe: Erstellung einer Schlagwortliste	61
KV C7:	Hilfe: Recherche in Literaturdatenbanken am Beispiel von sowiport	64
KV C8:	Lösungshinweise	66
KV C9:	Hilfe: Praktische Tipps zur Quellensuche	69
KV C10:	Checkliste: Quellenrecherche	70

Quellenbeurteilung und Quellenauswertung

KV D1:	Info: Beurteilung einer Quelle	72
KV D2:	Hilfe: Beurteilung einer Quelle nach Quellenart	75
KV D3:	Hilfe: Inhaltliche Beurteilung – Relevanz einer Quelle prüfen	77
KV D4:	Info: Exzerpieren – Eine Methode zur Quellenauswertung	79
KV D5:	Hilfe: Schrittweises Vorgehen zur Erstellung eines Exzerptes	80
KV D6:	Hilfe: Exzerpieren konkret	82
KV D7:	Hilfe: Beispielaufbau Exzerpte	84
KV D8:	Info: Wie können Exzerpte verwaltet werden?	86
KV D9:	Checkliste: Quellenbeurteilung und -auswertung	87

Zitieren und Literaturverzeichnis

KV E1:	Info: Warum zitieren?	89
KV E2:	Info: Wie zitiere ich richtig?	90
KV E3:	Info: Literaturverzeichnis	93
KV E4:	Hilfe: Beispiele für Quellenangaben im Literaturverzeichnis	94
KV E5:	Hilfe: Sortierung der Quellen im Literaturverzeichnis	95
KV E6:	Checkliste: Zitieren und Literaturverzeichnis	97

Der Schreibprozess

KV F1:	Info: Und wie mache ich das jetzt? Der Schreibprozess	99
KV F2:	Info: Wissenschaftliches Schreiben – was heißt das?	100
KV F3:	Info: Die Überarbeitung der Facharbeit	101
KV F4:	Hilfe: Zeitplanung	102

Abbildungsverzeichnis

Abbildung 1:	Gliederungsprozess	44
Abbildung 2:	Gliederungsform (in Anlehnung an Burchert & Sohr, 2005, S. 30)	45
Abbildung 3:	Beispiel-Thesaurus „Abiotische Faktoren"	55
Abbildung 4:	Beispiel-Thesaurus „American Dream"	56
Abbildung 5:	Erweitertes Schneeballsystem	57
Abbildung 6:	Überblick Zitieren	93

Vorwort zum Band
„Wissenschaftliches Arbeiten am Beispiel der Facharbeit in der gymnasialen Oberstufe – Eine Handreichung für Lehrkräfte sowie Schülerinnen und Schüler"

Die Qualitäts- und UnterstützungsAgentur – Landesinstitut für Schule (QUA-LiS NRW) ist die zentrale Einrichtung für pädagogische Dienstleistungen im Geschäftsbereich des Ministeriums für Schule und Weiterbildung in Nordrhein-Westfalen. Kern der Arbeit ist es, die Schulen und Einrichtungen der gemeinwohlorientierten Weiterbildung des Landes bei der Qualitätssicherung und Qualitätsentwicklung systematisch zu unterstützen. Dies geschieht für die Schulen des Landes u.a. durch die Entwicklung von Kernlehr- und Bildungsplänen, die Bereitstellung von Aufgaben für die zentralen Prüfungen, durch die Qualifizierung und Professionalisierung der Lehrerfortbildung und des Leitungspersonals, aber auch durch die Unterstützung in bildungspolitisch aktuellen Handlungsfeldern wie z.B. der inklusiven Bildung in der Schule, das gemeinsame längere Lernen im Ganztag oder der interkulturellen Schulentwicklung. Bei allen Angeboten ist es der QUA-LiS NRW ein wichtiges Anliegen, den Schulen für die herausfordernden Prozesse der Schul- und Unterrichtsentwicklung die entsprechenden Unterstützungsangebote bereitzustellen.

Einen Beitrag dazu stellt die mit diesem Band beginnende Publikationsreihe „Beiträge zur Schulentwicklung" dar. Dieses Publikationsformat greift zum einen aktuelle fachliche, unterrichtsfachliche und fachdidaktische Diskurse auf und stellt diese interessierten Leserinnen und Lesern für die Diskussion zur Verfügung. Zum anderen richtet sich das Publikationsformat unter dem Label „PRAXIS" gezielt an die schulischen Akteure vor Ort und bietet Schülerinnen und Schülern, Lehrerinnen und Lehrern, Eltern und Erziehungsberechtigten konkrete Unterstützungsmaterialien für die Anwendung in Schule und Unterricht an.

Der vorliegende Band stellt ein solches praxisbezogenes Unterstützungsangebot dar und versteht sich als Handreichung für Schülerinnen und Schüler der gymnasialen Oberstufe zum Erlernen und Erproben (vor-)wissenschaftlicher Arbeitsweisen im Kontext des Erstellens einer Facharbeit. Die konkreten Materialien wie Übungen, Checklisten und Informationstexte können dabei im Selbststudium genutzt werden. Gleichzeitig können Lehrerinnen und Lehrer die umfänglichen Anregungen und Informationen auch für die Gestaltung im Unterricht heranziehen, um beispielsweise in wissenschaftliche Arbeitsweisen wie die Quellenrecherche oder die Literaturverwaltung einzuführen.

Mit dem Start der „Beiträge zur Schulentwicklung" PRAXIS möchte die QUA-LiS NRW für alle Akteure in Schule und Weiterbildung ein weiteres Unterstützungsangebot für die vielfältigen und herausfordernden Gestaltungsprozesse im Bildungsbereich bereitstellen.

Eugen L. Egyptien
Direktor der Qualitäts- und UnterstützungsAgentur – Landesinstitut für Schule (QUA-LiS NRW)

1 Heranführung an wissenschaftliches Arbeiten: Aufgaben und Ziele des Erstellens einer Facharbeit

Mit dem Abitur erwerben Schülerinnen und Schüler die Allgemeine Hochschulreife und die Berechtigung zur Aufnahme eines Hochschulstudiums. Ein Ziel der gymnasialen Oberstufe ist es daher, Schülerinnen und Schüler zu einer wissenschaftspropädeutischen Ausbildung zu führen (vgl. Richtlinien Sekundarstufe II, Gymnasium/Gesamtschule, S. XIff). Eine besondere Bedeutung kommt in diesem Zusammenhang der Anfertigung einer Facharbeit zu.

In der Qualifikationsphase wird nach Festlegung durch die Schule eine Klausur durch eine Facharbeit ersetzt. Die Verpflichtung zur Anfertigung einer Facharbeit entfällt bei Belegung eines Projektkurses (§ 14 Absatz 3 APO-GOSt).

Facharbeiten sollen Schülerinnen und Schüler auf wissenschaftliches Arbeiten vorbereiten. Facharbeiten orientieren sich daher an Kriterien für wissenschaftliches Arbeiten.

Viele der für das Schreiben von Facharbeiten erforderlichen Teilanforderungen sind den Schülerinnen und Schülern bereits aus dem Unterricht der Sekundarstufe I und der Einführungsphase bekannt. Ein Unterricht, der den Erwerb erforderlicher Schlüsselkompetenzen (z.B. Recherchieren und Beurteilen von Quellen, quellengestütztes, strukturiertes und adressatenorientiertes Verfassen von Sachtexten) ermöglicht, ist seit Einführung der kompetenzorientierten Kernlehrpläne in der Sekundarstufe I und II Aufgabe aller Fächer.

Mit Blick auf die wissenschaftspropädeutische Ausrichtung der Bildungslaufbahn in der gymnasialen Oberstufe hat die Facharbeit einen hohen Stellenwert und stellt eine neue Anforderung: Es geht um einen ersten selbstständigen Umgang mit (vor-)wissenschaftlichen Arbeitsweisen, in denen die erworbenen Fähigkeiten sowie fachlichen und methodischen (Teil-)Kompetenzen zusammengeführt werden und ein hohes Maß an selbstständiger Urteilskompetenz erwartet wird. So besteht z.B. die Gefahr, dass Schülerinnen und Schüler sich im Prozess der Themenfindung oder Quellenrecherche verlieren, sich in der Bearbeitungsdauer verschätzen oder an zu hoch gesteckten Zielen scheitern. Andererseits besteht aber auch die Chance, dass sie z.B. ihren eigenen wissenschaftlichen Schreibstil entdecken oder weiterentwickeln, ihre Recherchekompetenzen erweitern oder wichtige neue Erfahrungen in Bezug auf Konzentrationsfähigkeit, Sorgfalt und Ausdauer sowie das Aushalten von Frustration machen, die sich nachhaltig auf ihr Selbstbild und ihre Motivation auswirken, gelegentlich auch den Anstoß zur späteren Studienwahl geben. Deshalb ist eine intensive Begleitung und Unterstützung bei der Gestaltung und Umsetzung des Arbeitsprozesses durch eine betreuende Lehrperson im Sinne einer Heranführung an wissenschaftliches Arbeiten unbedingt erforderlich, die sich darin deutlich von einer wissenschaftlichen Arbeit im engeren Sinne unterscheidet. Eine intensive Begleitung und Unterstützung eröffnet darüber hinaus auch den Raum für individuelle Förderung, die sich gewinnbringend auf die Festigung und Erweiterung von Schlüsselkompetenzen der Schülerinnen und Schüler auswirken kann und soll.

Die Schulen haben vor Ort, ausgehend von ihren individuellen Rahmenbedingungen, unterschiedliche Konzepte entwickelt, um Schülerinnen und Schüler auf die Facharbeit vorzubereiten. Einige Schulen beginnen beispielsweise bereits in der Sekundarstufe I mit ersten längeren schriftlichen Ausarbeitungen eines Themas im Sinne einer „kleinen Facharbeit". Andere Schulen bereiten im Deutschunterricht der Einführungsphase intensiv auf die Anforderungen einer Facharbeit vor. In der Qualifikationsphase reichen Umsetzungskonzepte von einer zweistündigen Auftaktveranstaltung im Plenum über ein- oder zweitägige Blockveranstaltungen bis hin zu einer Blockwoche zur Heranführung an wissenschaftliches Arbeiten und die Anforderungen an eine Facharbeit.

Die vorliegende Handreichung soll daher die Schulen bei ihrer Aufgabe unterstützen, Schülerinnen und Schüler mit wissenschaftlichen Arbeiten vertraut zu machen. Sie soll als „Baukasten" verstanden werden und richtet sich an alle, die vor Ort den Prozess der Anfertigung einer Facharbeit konzeptionell wie organisatorisch begleiten, und auch an Schülerinnen und Schüler.

Kapitel 2 gibt einen ersten thematischen Überblick über relevante Aspekte, die bei der Anfertigung einer Facharbeit berücksichtigt werden sollten.

Kapitel 3 enthält Materialien zur Prozessbegleitung. Diese beinhalten zum einen Beispiele für Protokollbögen, welche Lehrerinnen und Lehrer nutzen können, um Beratungsgespräche mit Schülerinnen und Schülern im Verlauf ihres Arbeitsprozesses zu dokumentieren. Zum anderen sind hier Materialien dargestellt, die Schülerinnen und Schüler bei der Vorbereitung der Bratungsgespräche mit ihrer Lehrerin und ihrem Lehrer individuell unterstützen. Alle Materialien sind als Kopiervorlagen angelegt.

Kapitel 4 bietet detaillierte Informationen dazu, wie eine Facharbeit erstellt werden kann. Diese sind in Form von Informationstexten, Hilfen, Übungen und Checklisten aufbereitet und werden als Kopiervorlagen angeboten. Das Material richtet sich in erster Linie an Schülerinnen und Schüler zum Selbststudium, Nachschlagen, Üben oder zur individuellen Förderung.

Darüber hinaus bieten die hier dargestellten Materialien auch Anregungen und Informationsquellen, die als Grundlage für die Gestaltung eines Unterrichts zur Heranführung an zeitgemäßes wissenschaftliches Arbeiten eingesetzt werden können. Des Weiteren können die Informationstexte und Checklisten dazu dienen, die Schulen bei der Formulierung von Anforderungen und Bewertungskriterien für Facharbeiten zu unterstützen und diese den Schülerinnen und Schülern transparent zu machen.

Kapitel 5 schließt mit Anregungen und Hinweisen zur Bewertung von Facharbeiten.

Grundsätzlich ist die Handreichung auch für andere Bereiche wissenschaftspropädeutischen Arbeitens im Rahmen von Projektkursen oder der besonderen Lernleistung von Bedeutung. Dabei könnten sich hier dargestellte komplexere wissenschaftliche Arbeitsweisen, wie z.B. das Exzerpieren und Verwalten von Quellen oder die Recherche mit Literaturdatenbanken, etwa für den schriftlichen Teil der besonderen Lernleistung, als relevant und zweckmäßig erweisen. Die Handreichung bietet ein breites Spektrum an ausgearbeiteten Informationen und Hilfestellungen zum Verfassen von wissenschaftlichen Texten, aus dem Schulen für ihr eigenes Konzept eine gezielte Auswahl treffen können.

2 Thematischer Überblick

2.1 Alltagswissen und Wissenschaftswissen

„Wissen wird als Besitz von Erkenntnis, mithin als Kenntnis verstanden" (Kron, 1999, S. 82). Je nach Art der Erkenntnisgewinnung und dem Geltungsbereich wird zwischen Alltags- und Wissenschaftswissen unterschieden.

Alltagswissen hilft bei Bewältigung des Lebens und der Orientierung in der Welt. Es entsteht durch eigene im Alltag gemachte bzw. von Dritten übermittelte Erfahrungen. Es ist eher subjektiv gefärbt und meist nicht verallgemeinerbar (vgl. Kron, 1999; Landau, 2002; Engelke, Spatscheck & Borrmann, 2009; Voss, 2011; Rost, 2012). **Alltagswissen**

Wissenschaftswissen dient dem Verstehen und Erklären der Welt. Es entsteht aus der Beobachtung und Beschreibung von Phänomen und der systematischen Erforschung ihrer Ursachen mithilfe von empirischen Methoden. Ziel ist es dabei, den Einfluss subjektiver Elemente und Zufälle weitgehend auszuschalten. Außerdem müssen die Erkenntnismethoden so angelegt sein, dass die durch sie gewonnenen Ergebnisse unter denselben Bedingungen von unbeteiligten Dritten prinzipiell zu jeder Zeit wiederholt werden können. Wissenschaft generiert also nicht nur neues Wissen, sondern prüft auch bereits existierende Wissensbestände kritisch. Deshalb ist eine lückenlose und gut nachvollziehbare Dokumentation der Voraussetzungen und des Vorgehens, die zu den Ergebnissen und Erkenntnissen geführt haben, für wissenschaftliche Arbeiten unerlässlich. Im Vergleich zum Alltagswissen ist Wissenschaftswissen daher durch die Fachöffentlichkeit gut geprüftes, in der Regel reproduzierbares und generalisierbares Wissen, welches den Anspruch erhebt möglichst objektiv zu sein. (Vgl. ebd.) **Wissenschaftswissen**

„Wissen" in einer Facharbeit darzulegen bedeutet, Sachverhalte zu begründen und den Erkenntnisweg nachvollziehbar aufzuzeigen. Hierzu gehört es, die unterschiedlichen Quellen, aus denen das dort dargestellte Wissen stammt, sorgfältig zu benennen und dem Leser die Möglichkeit der Wiederholbarkeit zu geben, sodass dieser unter Berücksichtigung der genannten Quellen das Thema prinzipiell selbst erarbeiten könnte. In einer Facharbeit als wissenschaftspropädeutische Arbeit sollten möglichst wissenschaftliche Quellen oder Quellen, die nachvollziehbar auf Wissenschaftswissen aufbauen, verwendet werden, um den aktuellen Wissensstand zu einem Gegenstand sachlich darzulegen. Auf Quellen des Alltagswissens, wie wir es z. B. in Ratgebern, Internetblogs etc. finden, sollte in einer Facharbeit möglichst verzichtet werden, es sei denn das Thema der Facharbeit bezieht sich unmittelbar hierauf.

2.2 Themenwahl, Themeneingrenzung und Fragestellung

Inspirationsquellen für Facharbeitsthemen können die vorhandenen Unterrichtsmaterialien aber auch Medienberichte, Alltagsphänomene oder persönliche Interessen der Schülerinnen und Schüler sein. Dabei bieten die meisten Themen so viele unterschiedliche Aspekte und Betrachtungsperspektiven, dass damit etliche Facharbeiten gefüllt werden könnten. Damit die Bearbeitung durch die Schülerinnen und Schüler realistisch bleibt, ist das einzelne Thema methodisch sowie inhaltlich möglichst präzise einzugrenzen.

Methodische Eingrenzung

Bezüglich der methodischen Eingrenzung ist zu entscheiden, ob die Facharbeit eine rein theoretische Auseinandersetzung mit dem gewählten Gegenstand darstellt oder praktische Anteile einschließen soll. Beispiele für praktische Anteile sind u.a. naturwissenschaftliche Experimente, Umfragen, Experteninterviews, Illustrationen, künstlerische Gestaltungen, Drehbücher oder Konzepterstellungen. Zu berücksichtigen ist dabei, dass auch bei Facharbeiten mit praktischem Anteil die quellengestützte Analyse und Darstellung theoretischer Grundlagen sowie eine kritische Reflexion immer notwendige Bestandteile der wissenschaftspropädeutischen Ausarbeitung sind. Auch der praktische Anteil ist so zu dokumentieren, dass er für Dritte nachvollziehbar und prinzipiell wiederholbar ist.

Inhaltliche Eingrenzung

Eine sinnvolle inhaltliche Eingrenzung kann durch die Reduzierung auf z.B. einen spezifischen Zeitraum, eine einzelne Theorie oder Position, eine konkrete Region oder geografische Lage, die berücksichtigte Ziel-/Personengruppe oder einzelne Beispiele/Fallstudien erfolgen. Dabei können die verschiedenen Strategien zur Eingrenzung auch kombiniert werden. Stellt sich im späteren Schreibprozess eine weitere Eingrenzung als notwendig heraus, kann diese ebenfalls nach diesen Strategien erfolgen.

Insgesamt ist bei der Themenwahl sicherzustellen, dass
- das Thema in der vorgesehenen Bearbeitungszeit und im vorgesehenen Umfang durch die Schülerin bzw. den Schüler bearbeitbar ist,
- die Schülerinnen und Schüler aus dem Fachunterricht heraus über ausreichendes Orientierungswissen zum gewählten Gegenstand verfügen,
- die notwendigen (fachspezifischen) Methoden zur Bearbeitung der Facharbeit aus dem Unterricht bekannt sind und
- eine selbstständige Bearbeitung des Themas durch die Schülerinnen und Schüler möglich ist.

Zentrale Fragestellung

Eng verbunden mit der Themeneingrenzung ist die Festlegung auf eine zentrale Fragestellung der Facharbeit. Diese definiert den Gegenstand sowie das Erkenntnisinteresse und damit die Zielsetzung der Arbeit. Eine nicht klar formulierte Fragestellung ist häufig der Grund für spätere Schwierigkeiten bei der Bearbeitung der Facharbeit, weshalb sich eine frühe und gründliche Auseinandersetzung hiermit unbedingt empfehlenswert ist. Eine durchdachte Fragestellung unterstützt nicht nur das Erstellen einer schlüssigen Gliederung und das Schreiben einer zielführenden Einleitung, sondern sie hilft auch dabei, den roten Faden während der Recherche und im eigentlichen Schreibprozess nicht zu verlieren. (Vgl. Balzer, Schäfer, Schröder & Kern, 2008; Wytrzens, Schauppenlehner-Kloyber, Sieghardt & Gratzer, 2012).

Exemplarische Materialien zur individuellen Förderung finden sich in Kapitel **4.1** ab Seite 29.

2.3 Bestandteile und Gliederung

Der Aufbau einer Facharbeit erfolgt in Anlehnung an allgemeine Konventionen für den Aufbau wissenschaftlicher Arbeiten und der DIN 1422-4 (1986-08) zur Gestaltung von Forschungsberichten.

Zu den obligatorischen Bestandteilen einer Facharbeit gehören ein Titelblatt und ein Inhaltsverzeichnis, die Hauptstrukturelemente Einleitung, Hauptteil und Schluss sowie ein Literaturverzeichnis und eine Eidesstattliche Versicherung. Je nach Gestaltung der Arbeit und nach Vorgaben der Schule bzw. des Fachlehrers können darüber hinaus fakultative Bestandteile mit aufgenommen werden. Hierzu gehören Abbildungs- und Tabellenverzeichnis, Anlage bzw. Anhang sowie eine CD-Rom. (Vgl. auch Stickel-Wolf & Wolf, 2001; Kornmeier, 2009; Schäfer & Heinrich, 2010).

Obligatorische und fakultative Bestandteile

Die Gliederung einer Facharbeit ist ein wesentlicher Arbeitsschritt bei der Vorbereitung und Bearbeitung eben dieser. Geltende Norm zur Gliederung und Benummerung in Texten ist die DIN 1421 (1983-01). Einer schlüssigen Gliederung geht in der Regel ein komplexer, iterativer Prozess, bestehend aus der Wiederholung von Recherche, Auswertung und Anpassung, voraus. Aufgrund dieser Komplexität bedarf der Prozess der Erstellung einer Gliederung besonderer Sorgfalt und Begleitung. Eine erste Gliederung sollte zeitnah nach Festlegung der Fragestellung erstellt werden. Die endgültige Gliederung erfolgt meist erst im weiteren Arbeitsprozess bei der intensiven Auseinandersetzung mit der Fragestellung. Hinweise zu Gliederungsordnungen und -prinzipien können die Schülerinnen und Schülern bei der formalen Ausgestaltung unterstützen.

Gliederung

Exemplarische Materialien zur individuellen Förderung finden sich in Kapitel **4.2** ab Seite 38.

2.4 Quellenrecherche, Quellenbeurteilung und Quellenauswertung

Die Recherche und Auswertung relevanter Quellen findet in mehreren Schritten statt und begleitet die Schülerinnen und Schüler beim Schreiben ihrer Facharbeit über den gesamten Arbeitsprozess hinweg.

Eine erste weniger systematische und schnelle Suche nach direkt zugänglichen Quellen erfolgt bei der Themensuche bzw. Erarbeitung der Fragestellung. Vertiefter und spezifischer wird die Recherche dann im Rahmen der Strukturierung und Erarbeitung der Gliederung der Facharbeit sein. Die eigentliche systematische und zeitaufwendigere Quellenrecherche wird durchgeführt, wenn das Thema und die Fragestellung ausgewählt wurden und bereits eine erste Gliederung der Facharbeit erarbeitet wurde. Hier geht es darum passgenaue Informationen zu finden und die Quellen im Hinblick auf die Fragestellung zu reflektieren, zu beurteilen und auszuwählen, um diese anschließend auswerten und verwalten zu können. Ein strukturiertes Vorgehen ist hierbei unabdingbar, um sich in dem Prozess der Informationsgewinnung nicht zu verlieren und nicht immer mehr Material anzuhäufen, welches dann innerhalb der vorgegebenen Rahmenbedingungen gar nicht entsprechend bearbeitet werden kann. Auch im weiteren Verlauf der Erstellung der Facharbeit werden immer wieder kurze Recherchephasen benötigt, um z.B. fehlende Details zu erarbeiten oder Informationen richtig zu belegen und abzusichern.

Prozess der Quellenrecherche

Suche und Auswahl der Quellen

Die Auswahl der Quellenarten für eine Facharbeit ist u.a. abhängig von Thema und methodischem Vorgehen. Bei manchen Themen stellt die Arbeit mit ausgewählten Medienarten (z. B. Filmausschnitte, Tonaufnahmen, Pressemitteilungen …) oder die Erarbeitung eigener Informationen (z. B. Interviews, Experimente, Umfragen …) einen Schwerpunkt dar. Grundlage bleibt aber auch dabei die Erarbeitung von überprüftem bzw. überprüfbarem Wissen aus Büchern, Zeitschriftenartikeln, Internetdokumenten usw. Zur Auffindung konkreter Quellen für die Ausarbeitung der Facharbeit bieten sich verschiedene Ansatzpunkte und Möglichkeiten wie z. B. Datenbanken, Bibliotheken aber auch Internet-Suchmaschinen an. Insbesondere die Kombination der verschiedenen Recherchemöglichkeiten hilft, eine angemessene Quellenauswahl für das Thema zu treffen.

Auswertung und Verwaltung der Quellen

Nach der Festlegung der zu verwendenden Quellen müssen diese ausgewertet und verwaltet werden. Die Methode des Exzerpierens ist hierfür besonders geeignet. Die wichtigsten Aussagen und Thesen einer Quelle können exakt und übersichtlich notiert und sortiert werden. Zur Quellenverwaltung ist es ratsam auf bestehende Verwaltungssysteme zurückzugreifen. Bewährt haben sich die Methoden des Zettelkastens (Niklas Luhmann) und der PC-unterstützten Verwaltungssysteme (z. B. Citavi, Zotero). Natürlich sind auch die selbst erstellten Verfahren z. B. Abheften, Erstellen von Tabellen etc. möglich, wenn sie das Ziel, schnell an die abgelegte, spezifische Information zu gelangen, erfüllen.

Der Prozess der Literaturrecherche, -auswahl und -auswertung ist entscheidend für das Gelingen einer Facharbeit. Für einige Schülerinnen und Schüler stellt diese neue Herangehensweise eine sehr große Herausforderung dar, bei der sie begleitet und unterstützt werden sollten.

Exemplarische Materialien zur individuellen Förderung finden sich in Kapitel **4.3** ab Seite 50 und in Kapitel **4.4** ab Seite 71.

2.5 Zitieren und Literaturverzeichnis

Wissenschaft ist ein soziales System, das aus der Interaktion von Wissenschaftlern mit (u.a.) anderen Wissenschaftlern entsteht (vgl. Jansen, 2013). Vor diesem Hintergrund kann die Facharbeit als ein Wortbeitrag in einem Gespräch unter Experten bezeichnet werden. Damit die Facharbeit als wissenschaftspropädeutisches Werk grundlegende wissenschaftliche Standards erfüllt, müssen alle relevanten Aussagen der Arbeit auf der Basis nachvollziehbarer Quellen sachlich begründet oder hergeleitet und entsprechend belegt sein. Das direkte und indirekte Zitieren aus verschiedenen Quellen (kontinuierliche und diskontinuierliche Texte, Ton- und Filmaufnahmen) und die Benennung der Originalquelle sind daher unerlässlich. Nach Rost (2012, S. 209) gehört der angemessene Umgang mit den Quellen zu den wichtigsten Formalia wissenschaftlicher Arbeiten. Durch das angemessene Zitieren zeigen Schülerinnen und Schüler, dass sie sich auf wissenschaftlicher Ebene mit dem Thema ihrer Facharbeit auseinandergesetzt haben. Dabei ist es hilfreich, sich auf eines der gängigen Systeme – z.B. das Namen-Datum-System (Havard-System) oder das System der fortlaufenden Anmerkungen (hochgestellte Zahl plus Fußnote) – zu verständigen. Wichtig ist, dass die Schülerinnen und Schüler verstehen, dass jedes Zitiersysteme den Prinzipien der Einheitlichkeit, Vollständigkeit und Eindeutigkeit entspricht und dass die Quellenangaben an mindestens zwei Stellen erfolgen: einmal im Text hinter der Passage, die wörtlich oder sinngemäß übernommen wurde, und einmal im Literaturverzeichnis. Die in dieser Handreichung dargestellten Grundsätze zum Zitieren bzw. zur Erstellung des Literaturverzeichnisses lassen sich aus der DIN ISO 690 (2013-10) sowie der der DIN 1505-3 (1995-12) ableiten. Den Schülerinnen und Schülern muss deutlich werden, dass eine Missachtung der Zitierregeln zu Formfehlern führt, aus denen der Vorwurf des Plagiates entstehen kann.

Exemplarische Materialien zur individuellen Förderung finden sich in Kapitel **4.5** ab Seite 88.

2.6 Der Schreibprozess

Wie aus den vorangegangenen Kapiteln hervorgeht, umfasst das Schreiben der Facharbeit eine Reihe verschiedener Arbeitsschritte. Für einen gelingenden Arbeitsprozess ist es wichtig, dass die Schülerinnen und Schüler bereits zu Beginn einen Überblick über diese Schritte erhalten und daran angelehnt einen Zeitplan entwickeln. Dabei können sie durch ihnen bekannte Instrumente zum Zeit- und Zielmanagement unterstützt werden. In den regelmäßigen Betreuungsgesprächen sollte neben der Besprechung des Arbeitsfortschrittes auch die Möglichkeit bestehen, ggf. auftretende Schreibblockaden frühzeitig zu kommunizieren. Neben grundlegenden fachlichen Unklarheiten sind die Hauptursachen hierfür vor allem zu wenig oder eine falsche Recherche sowie eine unklare zentrale Fragestellung und Zielsetzung der eigenen Facharbeit. Außerdem kann auch eine zu hohe Erwartung an sich selbst oder die eigene Facharbeit eine häufig unterschätzte Ursache für Schreibblockaden sein. Weitere Schwierigkeiten können beim tatsächlichen Schreiben, also dem Ausformulieren des Facharbeitstextes auftreten. Entsprechende Informationstexte, Übungen und Hilfen aus Kapitel 4 dieser Handreichung können hier je nach individueller Problemlage der Schülerinnen und Schüler von der Lehrperson als Unterstützung eingesetzt werden. Grundsätzlich ist das Schreiben einer Facharbeit als Lernprozess zu verstehen, der zur individuellen Begleitung und Förderung genutzt werden sollte.

Arbeitsschritte & Zeitplanung

Schreibblockaden

Um den Schülerinnen und Schülern ein zielgerichtetes Arbeiten zu ermöglichen, sollten frühzeitig die formalen Vorgaben wie auch die zugrunde gelegten Bewertungskriterien transparent gemacht werden.

Formale Vorgaben

Zu den formalen Vorgaben gehören neben dem Richtumfang der Arbeit auch Vorgaben zu z. B.

- Zeilenabstand (im Fließtext und in Fußnoten),
- Textausrichtung (Flatter- oder Blocksatz?),
- Schriftart und -größe,
- Seitenränder,
- Paginierung,
- Gestaltung von Kopf- und Fußzeilen,
- Hervorhebungen (Fettdruck, Unterstreichungen, Kursivdruck)
- Deckblattgestaltung
- Gefordertem Zitiersystem
- Bindung und falls notwendig Digitalisierung
- Ggf. Nutzung bestehender Formatvorlagen

Exemplarische Materialien zur individuellen Förderung finden sich in Kapitel **4.6** ab Seite 98.

3 Materialien zur Prozessbegleitung

Beratungs-gespräche

Zu verschiedenen Zeitpunkten im Bearbeitungszeitraum sollten die betreuenden Lehrpersonen eigens zu diesem Zweck vereinbarte Beratungsgespräche mit ihren Schülerinnen und Schülern durchführen. Im Sinne einer individuellen Förderung sollten dabei geschilderte Schwierigkeiten, gegebene Unterstützungen sowie Verabredungen zur Weiterarbeit dokumentiert werden. Neben kurzfristig auftauchendem Gesprächsbedarf bei Problemen im Schreibprozess bieten sich folgende Meilensteine bei der Erstellung einer Facharbeit für solche Gesprächstermine an:
- Themenwahl
- Aufbau und Gliederung der Facharbeit
- Im laufenden Schreibprozess zur Quellenauswahl und zum Zitieren in Facharbeiten

In diesem Kapitel werden Vorlagen zur Gesprächsvorbereitung und zur Protokollierung der Gespräche dargestellt.

Kopiervorlagen zur Gesprächs-vorbereitung

Die Kopiervorlagen zur Gesprächsvorbereitung richten sich an die Schülerinnen und Schüler. Hiermit soll sichergestellt werden, dass zu den geplanten Gesprächen auch konkrete Ziele seitens der Schülerinnen und Schüler erarbeitet sind und diese strukturiert und in schriftlicher Form vorliegen. Die Bearbeitung dieser Arbeitsaufträge unterstützt sie im planvollen Vorgehen bei der Erstellung der Facharbeit.

Kopiervorlagen für Gesprächs-protokolle

Die Kopiervorlagen für Gesprächsprotokolle sind alle nach dem selben Muster aufgebaut. Neben Nennung der Anwesenden, Datum und Thema des Gesprächs werden mögliche Inhalte in Form einer Checkliste aufgegriffen. Unter dem Punkt „Ausführungen/Anmerkungen" können u.a. Ausführungen zum aktuellen Arbeitsstand der Facharbeit, aber auch auftretende Schwierigkeiten sowie angesprochene Lösungsmöglichkeiten notiert werden. Außerdem können hier die an die jeweilige Schülerin bzw. den jeweiligen Schüler ausgegebenen Materialien (zur Vorbereitung auf weitere Gespräche, zur Unterstützung bei auftretenden Schwierigkeiten, zur Information bei Unklarheiten usw.) notiert werden. In jedem Gespräch sollten auch Zielvereinbarungen, also genaue Vereinbarungen zum weiteren Vorgehen bzw. zu den nächsten Arbeitsschritten, festgehalten werden. Insbesondere wenn sich bei der Erstellung der Facharbeit Probleme abzeichnen, sind präzise Absprachen mit den Schülerinnen und Schülern wichtig. Deshalb sollten die Zielvereinbarungen möglichst konkret, kontrollierbar und terminiert sein.

> *Beispiel: M. bearbeitet das Unterstützungsmaterial xy bis übermorgen. Im Anschluss daran wird er … und mir bis zum … eine Rückmeldung geben, ob das Problem damit gelöst werden konnte.*

Auch wenn keine Probleme auftauchen sind Zielvereinbarungen sinnvoll.

> *Beispiele:*
> - *P. hat aktuell keine Probleme bei der Bearbeitung seiner Facharbeit und meldet sich bei auftretenden Unklarheiten eigenverantwortlich bei der betreuenden Lehrperson Frau B.*
> - *T. bearbeitet als Vorbereitung auf den nächsten regulären Gesprächstermin am … die Kopiervorlage xy.*

Jedes Gesprächsprotokoll wird von der betreuenden Lehrperson sowie von der jeweiligen Schülerin bzw. vom jeweiligen Schüler unterschrieben und kopiert, so dass beide Beteiligten über ein Exemplar verfügen.

| KV P1 | **Gesprächsvorbereitung – Themenwahl** |

Name: _____ Datum: _____

Fach/Lehrperson: _____

Bitte beantworten Sie zur Vorbereitung auf das Gespräch die folgenden Fragen:

Mein Themenvorschlag:
_____
_____
_____

☐ Rein theoretische Auseinandersetzung   ☐ praktischer Anteil

                                                           Was genau? _____
                                                           _____

(Mögliche) Eingrenzung(en) des Themas:
_____
_____
_____
_____

Meine Fragestellung (Erkenntnisinteresse, Zielsetzung):
_____
_____
_____
_____

Unklar ist für mich noch Folgendes:
_____
_____
_____
_____

KV P2	**Gesprächsprotokoll – Themenwahl**

Anwesende: _____ **Datum:** _____

_____

Besprochene Inhalte:

☐ Ist ein für den Schüler bzw. die Schülerin interessantes Thema gefunden?

☐ Ist das Thema methodisch und inhaltlich ausreichend eingegrenzt?

☐ Liegt die leitende Fragestellung der Facharbeit vor?

☐ Entspricht das Thema den Kriterien der Checkliste?

☐ _____

☐ _____

Das Thema lautet: _____

_____

_____

Ausführungen/Anmerkungen:

_____

_____

_____

_____

Zielvereinbarungen:

_____

_____

_____

_____

Ausgegebene Materialien:

_____

_____

_____   _____
Unterschrift Lehrperson   Unterschrift Schüler/Schülerin

| KV P3 | **Gesprächsvorbereitung – Gliederung** |

Name: _____ Datum: _____

Betreuende Lehrperson: _____

Thema der Facharbeit: _____

Bitte bereiten Sie sich durch die Beantwortung der Fragen auf das Gespräch vor:

1. Bringen Sie einen Ausdruck Ihrer aktuellen Arbeitsgliederung in Form des Inhaltsverzeichnisses mit.

2. Notieren Sie auf einem separaten Blatt Stichpunkte zu den Inhalten der einzelnen (Unter-)Kapitel.

Notieren Sie ggf. aufgetretene Fragen, Probleme oder Unklarheiten, die Sie gerne mit der betreuenden Lehrperson besprechen möchten:

_____

_____

_____

_____

_____

_____

_____

| KV P4 | Gesprächsprotokoll – Gliederung |

Anwesende: _____ **Datum:** _____

_____

Besprochene Inhalte zur Gliederung:

☐ Sind die Pflicht-Textbausteine enthalten (Einleitung, Hauptteil, Schluss)?
☐ Wird der Hauptteil in angemessene Unterkapitel gegliedert?
☐ Ist der Bezug der einzelnen Gliederungspunkte zum Gesamtthema erkennbar/erklärbar?
☐ Ist eine logische Abfolge der Gliederungspunkte erkennbar?
☐ Sind die Überschriften aussagekräftig?
☐ Sind formale Aspekte ausreichend berücksichtigt worden?
☐ _____
☐ _____

Ausführungen/Anmerkungen:

_____
_____
_____
_____
_____

Zielvereinbarungen:

_____
_____
_____
_____
_____

Ausgegebene Materialien:

_____
_____

_____   _____
Unterschrift Lehrperson   Unterschrift Schüler/Schülerin

| KV P5 | **Gesprächsvorbereitung – Quellenauswahl & Zitieren** |

Name: _____ Datum: _____

Betreuende Lehrperson: _____

Thema der Facharbeit: _____

Bitte bereiten Sie sich folgendermaßen auf das Gespräch vor:

1. Bringen Sie folgende Unterlagen zu dem Gespräch mit:

    a) Einen beispielhaften Ausschnitt aus Ihrem bisher geschriebenen Text, der verdeutlicht, wie Sie in Ihrer Facharbeit zitieren.

    b) Das bisherige Literaturverzeichnis mit den passenden Vollbelegen.

2. Tragen Sie für jeden Gliederungspunkt Ihrer Arbeit Ihre recherchierte und bewertete Literatur in die folgenden Tabellen ein. Dadurch erhalten Sie einen Überblick über die Anzahl und Qualität der Literatur und können etwaige Ungleichheiten oder Lücken mit der Lehrperson besprechen.

Gliederungspunkt:		
Quelle(n)	**Stichwort**	**Bewertung**

Lassen Sie sich eine ausreichende Anzahl von Kopien der Tabellen aushändigen.

Gliederungspunkt:		
Quelle(n)	Stichwort	Bewertung

Gliederungspunkt:		
Quelle(n)	Stichwort	Bewertung

| KV P6 | **Gesprächsprotokoll – Quellenauswahl & Zitieren** |

Anwesende: _____ **Datum:** _____

_____

Besprochene Inhalte zur Quellenrecherche:
- ☐ Gibt es Quellen zu allen Gliederungspunkten?
- ☐ Sind die Quellen angemessen?
- ☐ Liegt eine ausreichende Anzahl von Quellen vor?
- ☐ Sind alle Quellen sorgfältig verwaltet?
- ☐ Sind die ausgewählten Quellen entsprechend ausgewertet (exzerpiert)?
- ☐ _____

Besprochene Inhalte zur Zitation:
- ☐ Werden die dargestellten Inhalte ausreichend zitiert?
- ☐ Ist die Zitierweise einheitlich und richtig entsprechend der Vorgaben?
- ☐ Sind direkte und indirekte Zitate entsprechend gekennzeichnet?
- ☐ Sind die Vollbelege für das Literaturverzeichnis richtig?
- ☐ _____

Ausführungen/Anmerkungen:

_____
_____
_____
_____

Zielvereinbarungen:

_____
_____
_____

Ausgegebene Materialien:

_____
_____

| _____ | _____ |
| Unterschrift Lehrperson | Unterschrift Schüler/Schülerin |

| KV P7 | Gesprächsvorbereitung – weitere Termine |

Name: _____ Datum: _____

Betreuende Lehrperson: _____

Thema der Facharbeit: _____

Bitte bereiten Sie sich durch die Beantwortung der Fragen auf das Gespräch vor:

Was ist der Anlass für den Gesprächstermin? Welche Schwierigkeiten/Unklarheiten/ Fragen/ Probleme haben Sie?

_____
_____
_____
_____
_____
_____

Was haben Sie bisher schon unternommen, um diese Schwierigkeiten/Unklarheiten/ Fragen/ Probleme zu lösen?

_____
_____
_____
_____
_____
_____

Was genau erwarten Sie von der betreuenden Lehrperson in dem Gespräch?

_____
_____
_____
_____
_____
_____

| KV P8 | **Gesprächsprotokoll – weitere Termine** |

Anwesende: _____ **Datum:** _____

_____

Besprochene Inhalte:

☐ _____

☐ _____

☐ _____

☐ _____

Ausführungen/Anmerkungen:

_____
_____
_____
_____
_____

Zielvereinbarungen:

_____
_____
_____
_____
_____

Ausgegebene Materialien:

_____
_____
_____

_____   _____
Unterschrift Lehrperson   Unterschrift Schüler/Schülerin

4 Materialien zur individuellen Förderung

Da die Schülerinnen und Schüler bezüglich des Erstellens einer Facharbeit über unterschiedliches Vorwissen und unterschiedliche Zugänge verfügen, ist es notwendig, sie individuell zu betreuen und gegebenenfalls angemessen zu unterstützten. Daher werden im Folgenden exemplarische Materialien zur individuellen Förderung im Rahmen der Prozessbegleitung als Kopiervorlagen dargestellt, die je nach Bedarf genutzt (und angepasst) werden können. Diese Kopiervorlagen bieten Hilfen für die Inhaltsbereiche Themenfindung und -wahl, Bestandteile und Gliederung einer Facharbeit, Quellenrecherche und -auswertung, Zitieren in Facharbeiten sowie zum Schreibprozess. Sie richten sich an Schülerinnen und Schüler und liegen in abgestufter Form vor, so dass sie je nach den Vorkenntnissen der Schülerinnen und Schüler sowie Art und Umfang der Einführungsveranstaltungen der Schulen eingesetzt werden können.

Zu jedem der genannten Inhaltsbereiche liegen Informationstexte vor, die von Schülerinnen und Schülern für das Selbststudium oder zum Nachlesen genutzt werden können. Außerdem finden Sie zu einigen Themen Hilfen und Übungen. Abschließend ist zu jedem Themenbereich eine Checkliste dargestellt, anhand derer die Schülerinnen und Schüler überprüfen können, ob sie die jeweils zentralen Punkte im Hinblick auf die eigene Facharbeit berücksichtigt haben.

4.1 Themenwahl, Themeneingrenzung und Fragestellung

In diesem Kapitel folgen Kopiervorlagen in Form eines Informationstextes und weiterführender Hilfen sowie einer abschließenden Checkliste zu der Themenwahl, Themeneingrenzung und Entwicklung einer Fragestellung für die Facharbeit. Diese können je nach Bedarf eingesetzt werden.

KV A1   Info: Auswahl des Themas und der leitenden Fragestellung

Hinweise zur Themenwahl

Das Thema Ihrer Facharbeit sollte von Beginn an gut durchdacht sein. Es sollte Sie interessieren, sodass sie sich über einige Wochen intensiver damit beschäftigen können. Gleichzeitig sollten Sie aber auch den notwendigen persönlichen Abstand zu Ihrem Thema haben, sonst passiert es schnell, dass Sie sich im Thema verlieren oder nicht mehr objektiv arbeiten. Unter Berücksichtigung der Vorgaben Ihrer Schule beginnt die Auswahl bereits mit der Entscheidung für das Fach, in welchem Sie Ihre Facharbeit schreiben möchten. Suchen Sie dann einzelne Themen, Aspekte oder Schwerpunkte dieses Faches, die Sie im Rahmen Ihrer Facharbeit bearbeiten könnten. Hinweise für mögliche Themen finden Sie z.B. in Ihren Unterrichtsmaterialien oder in den Medien. Ein grundlegendes Orientierungswissen zum Thema hilft Ihnen, erste Literatur zu recherchieren und einen genaueren Überblick zu erhalten. Diesen Überblick benötigen Sie zur Eingrenzung des Themas und Ihres Erkenntnisinteresses sowie zur Formulierung der zentralen Fragestellung Ihrer Facharbeit.

Nicht alles, was man zu dem von Ihnen gewählten Thema schreiben kann, muss in Ihre Facharbeit. Es ist wichtig, einen Fokus zu setzen, damit Sie sicherstellen können, dass Sie das Thema in der zur Verfügung stehenden Zeit und im vorgegebenen Umfang auch bearbeiten können. Deshalb müssen Sie das Thema Ihrer Facharbeit unbedingt auf einen oder wenige ausgewählte Aspekte eingrenzen. Diese Eingrenzung sollte sowohl inhaltliche methodisch als auch methodische Überlegungen beinhalten.

Methodische Eingrenzung

A) Methodische Eingrenzung: Werden Sie sich darüber klar, ob Sie eine theoretische Arbeit schreiben wollen oder ob Ihre Arbeit einen praktischen Anteil, wie z.B. ein Experiment, eine Umfrage, eine Form der künstlerischen Gestaltung etc. beinhalten soll. Berücksichtigen Sie dabei, dass auch praktische Anteile immer theoretisch eingebettet werden müssen.

Inhaltliche Eingrenzung

B) Inhaltliche Eingrenzung: Setzen Sie sich selbst klare Grenzen, was genau Sie inhaltlich darstellen wollen und können. Beschränken Sie sich z.B. auf

	Beispiele (je nach Thema)
einen spezifischen Zeitraum	… im 19. Jahrhundert … am 23. März 2015 … von 2005 bis 2015 … 1850 und 2010 … zu Zeit von …
eine bestimmte Theorie, Position, Schule, ein bestimmtes Modell, eine bestimmte Hypothese etc.	… Psychoanalyse nach Freud … Frankfurter Schule … episches Theater nach Brecht
einen bestimmten Autor/Künstler/Roman	… im Werk von Schiller … in Anlehnung an Niemeyer
eine konkrete Region	… in Deutschland … in den Alpen … in China und den USA … in Großstädten / in der ländlichen Bevölkerung
eine bestimmte Institution, Organisation, ein bestimmtes System	… in der Firma PlusMinus … im Föderalismus … in den Medien … in der Bewährungshilfe

berücksichtigte Personengruppe/Art	... Jugendliche im Alter von 13 bis 16 ... Frauen ... Bankangestellte ... Menschen mit Behinderung ... Straftäter
einzelne Beispiele/Fallstudien	... am Beispiel von ...
Einzelne Einflussfaktoren	... die abiotischen Faktoren Licht und/oder Temperatur ... Push- und Pull-Faktoren ... anhand der ökonomischen Faktoren Besteuerung und Zinsen
sonstige Aspekte	... Chancen und Risiken ... Chancen und Grenzen

Dabei können die verschiedenen Aspekte auch kombiniert werden.

> *Beispiele für eingegrenzte Themen:*
> - *Experimentelle Ermittlung der Auswirkungen der abiotischen Faktoren Licht, Temperatur und Feuchtigkeit auf das Wachstum von Sonnenblumen.*
> - *Bulimie: Therapeutisches Vorgehen der LVR Klinik Düsseldorf.*
> - *Planung und Bau eines Vogelhauses in Anlehnung an die Architekturprinzipien von Antoni Gaudi.*
> - *Bestimmung der Wassergüteklasse des Rheins mit dem Saprobienindex in dem Bereich der Stadt Emmerich.*
> - *Leitmotive des Amerikanischen Traums in der Biografie von Al Capone.*
> - *Chancen und Risiken der modernen Reproduktionsmedizin am Beispiel der In-vitro-Fertilisation.*
> - *Der Einfluss der italienischen Kultur durch den Künstler Tischbein auf Goethe. Untersuchung anhand der Werke* Iphigenie auf Tauris *und* Torquato Tasso.
> - *Angepasstheiten von Säugetieren an jahreszeitlich bedingte Schwankungen von Umweltbedingungen.*
> - *Die Bedeutung des Möhnesees für die Schifffahrt der Ruhr.*
> - *Auswandern von Polen nach Deutschland am Beispiel der Familie A. aus G.*

Entwicklung der zentralen Fragestellung

Es ist unerlässlich, eine zentrale Fragestellung für Ihre Facharbeit zu formulieren. Diese verdeutlicht Ihnen und anderen, worum es in Ihrer Arbeit geht, was genau Sie herausfinden wollen und wozu Sie dies tun. Die zentrale Fragestellung verdeutlicht also Ihr wissenschaftliches **Erkenntnisinteresse** und Ihre **Zielsetzung**. Aus einer gut formulierten und durchdachten Fragestellung ergeben sich die Gliederung Ihrer Arbeit und der rote Faden für Ihre Quellenrecherche. Sie wird Sie über Ihren gesamten Schreibprozess hinweg begleiten und leiten. Andersherum kann eine nicht klar formulierte Fragestellung schnell der Grund für spätere Schwierigkeiten bei der Bearbeitung Ihrer Facharbeit werden. Eine gründliche Auseinandersetzung lohnt sich also. (Vgl. Balzer et al., 2008; Wytrzens et al., 2012).

> *Beispiele*
> - *Thema: Bulimie: Therapeutisches Vorgehen der LVR Klinik Düsseldorf.*
>   *Fragestellung: Mit welchen Methoden und in welchem zeitlichen Rahmen unterstützen die Therapeuten der LVR Klinik Patienten mit Bulimie bei der Bearbeitung ihres Störungsbildes?*
> - *Thema: Angepasstheiten von Säugetieren an jahreszeitlich bedingte Schwankungen von Umweltbedingungen.*
>   *Fragestellung: Durch welche molekularen Mechanismen färbt sich das Fell von vielen in den Polarregionen lebenden Säugetieren in den Wintermonaten weiß?*

Je eingegrenzter und präziser Ihre Fragestellung formuliert ist, desto besser ist sie. Achten Sie darauf, dass Sie keine mehrdeutigen oder unverständlichen Sätze bilden. Die Entwicklung einer zentralen Fragestellung ist erst dann sinnvoll, wenn Sie sich bereits für ein möglichst gut eingegrenztes Thema entschieden haben und über Orientierungswissen hierzu verfügen. Zu Beginn der Überlegungen kann es hilfreich sein, mehrere – auch sehr unterschiedliche – Fragestellungen aufzuwerfen, um dann zu überprüfen, welche sich mit Blick auf ihre Umsetzbarkeit am ehesten für Ihre Facharbeit eignet. Im Ergebnis geht es darum, eine Fragestellung (nicht mehrere) als die leitende für Ihre Facharbeit festzulegen. Da sich nicht alles antizipieren lässt, können leichte Modifikationen im Laufe der Bearbeitung vorkommen. Gravierende Änderungen sind aber zu vermeiden. Achten Sie bei der Formulierung der Fragestellung auch auf die genaue Bedeutung der Frageworte und überlegen Sie, was Sie damit meinen und auch was darunter von anderen verstanden werden könnte.

> *Beispiele (s.o.):*
> - *„Mit welchen Methoden und in welchem zeitlichen Rahmen unterstützen ...* „statt „Wie unterstützen ...".*
> - *„Durch welche molekularen Mechanismen färbt sich das Fell von vielen in den Polarregionen lebenden Säugetieren in den Wintermonaten weiß" anstelle von „Warum".*

KV A2	**Hilfe: Themenwahl**

Die folgenden Fragen und Tipps können Ihnen helfen, eine erste Themen(aus)wahl zu treffen.

In welchem Fach möchte ich meine Facharbeit schreiben?

_____
_____

Welche Themen, Aspekte, Schwerpunkte des zurückliegenden Unterrichts, interessieren mich besonders?

> *Tipp: Schauen Sie Ihre Unterrichtsmaterialien durch. Erstellen Sie eine MindMap. Nehmen Sie sich mindestens 30 Minuten Zeit und lassen Sie Ihre Gedanken noch einen Moment weiter kreisen, auch wenn Ihnen nichts mehr einfällt. Kreisen Sie anschließend die Begriffe ein, die Ihnen für ein Facharbeitsthema besonders interessant erscheinen und notieren diese.*

_____
_____
_____
_____
_____

Welche Aspekte würde ich dazu gerne vertiefen? Welche Probleme/Fragen blieben hierzu im Unterricht offen? Welche Probleme/Fragen sehe ich? Welche Probleme/Fragen möchte ich untersuchen?

> *Tipp: Wenn Ihnen nicht direkt etwas Passendes einfällt, machen Sie hierzu ein Brainstorming und notieren Sie alle Ideen, Fragen, Assoziationen usw. unabhängig davon, ob sie im ersten Moment sinnvoll erscheinen. Besprechen Sie diese z. B. mit Klassenkameraden, Freunden, Eltern. Führen Sie eventuell eine erste schnelle Recherche (z.B. in Nachschlagewerken, Internetsuchmaschinen oder Lehrbüchern) durch. Diese könnte Ihnen noch weitere Ideen bringen.*

_____
_____
_____
_____
_____

Soll Ihre Facharbeit einen fachpraktischen Anteil (wie z.B. Experiment, Umfrage, künstlerische Gestaltung …) enthalten? Wenn ja, welcher Art? Berücksichtigen Sie dabei, dass Sie dann das notwendige methodische Vorgehen grundlegend beherrschen sollten.

___

Welches konkrete Thema ergibt sich aus diesen Überlegungen für Sie?

Tipp: Gleichen Sie Ihre Überlegungen mit der Checkliste zur Themenwahl ab. Wenn Sie mehrere Themen zur Auswahl haben, kann Ihnen die Erstellung einer Pro-&-Contra-Liste helfen. Besprechen Sie das mögliche Thema mit der dafür zuständigen Lehrperson.

___

| KV A3 | **Hilfe: Themeneingrenzung** |

Die folgenden Fragen helfen Ihnen, Ihr Thema einzugrenzen.

Meine bisherige Themenidee:

_____

_____

_____

Wollen Sie eine Facharbeit mit praktischem Anteil schreiben? Wenn ja in welcher Form? Oder setzen Sie den Schwerpunkt auf der Bearbeitung verschiedener Quellen? Wollen Sie etwas analysieren, gegenüberstellen, kritisch beleuchten, bewerten usw.?

Mein Thema möchte ich folgendermaßen methodisch bearbeiten:

_____

_____

_____

Grenzen Sie Ihr Thema inhaltlich ein, z.B. im Hinblick auf die berücksichtigte Personengruppe, ein Beispiel, konkrete Systeme, Regionen oder Zeiträume, eine bestimmte Theorie oder einen bestimmten Autor/Künstler … Kombinieren Sie ggf. verschiedene Aspekte.

Mögliche Eingrenzung(en) zu meinem Thema:

_____

_____

_____

Die Eingrenzung eines Themas auf ausgewählte Aspekte bedeutet immer auch die Ausgrenzung und damit Nichtberücksichtigung anderer Aspekte. Eine Auseinandersetzung damit hilft Ihnen ebenfalls, Themenklarheit zu bekommen.

Welche Aspekte interessieren mich an meiner bisherigen Themenidee weniger? Womit will ich mich bei diesem Thema nicht beschäftigen?

_____

_____

| KV A4 | **Hilfe: Festlegung der leitenden Fragestellung** |

Versuchen Sie zur Entwicklung Ihrer Fragestellung folgende Sätze zu vervollständigen:

WAS machen Sie? Z.B. analysieren, untersuchen, gestalten, bearbeiten ...

Ich _____

Ihr Thema

das Thema _____

wer, was, wann, wie, warum, wo, welche, ob ...
Was interessiert Sie daran/macht Sie neugierig? Welche Frage(n) stellen Sie sich? Was wollen Sie herausfinden? Das ist Ihr Erkenntnisinteresse.

weil ich herausfinden möchte _____

wie, warum, ob, das ...
Das ist Ihre Zielsetzung.

um damit zu zeigen _____

Die letzten beiden Aspekte erscheinen auf den ersten Blick sehr ähnlich, versuchen Sie trotzdem zwischen Erkenntnisinteresse und Zielsetzung zu differenzieren.

Hieraus können Sie nun Ihre leitende Fragestellung formulieren.

_____

Tipp: Differenzieren Sie Fragewörter genau. Überlegen Sie, was Sie genau meinen. „Warum" kann zum Beispiel sehr unterschiedliche Bedeutungen haben:
- *„Wie kam es historisch dazu?"*
- *„Was ist die der Mechanismus für dieses Phänomen?", „Wie funktioniert das?"*
- *„Wozu dient das?", „Welchen Zweck erfüllt das?"*

| KV A5 | **Checkliste: Themenwahl und Fragestellung** |

Ich habe mein Thema inhaltlich eingegrenzt.	☐
Ich habe mein Thema methodisch eingegrenzt (also festgelegt, was ich machen werde.)	☐
Die notwendigen (Fach-)Methoden zur Bearbeitung sind mir hinreichend bekannt.	☐
Ich habe eine Fragestellung für meine Facharbeit entwickelt.	☐
Thema und Fragestellung passen zu dem Fach, in dem ich die Facharbeit schreiben werde.	☐
Ich habe ausreichendes Orientierungswissen zu meinem Thema. Das heißt, ich weiß ungefähr, worum es geht, wie/wo das Thema einzuordnen ist.	☐
Das Thema ist m.E. angemessen in der vorgegebenen Zeit und dem vorgegebenen Umfang zu bearbeiten.	☐
Das Thema interessiert mich. Außerdem berührt es mich emotional nicht so sehr, so dass ich mich sachlich und distanziert damit beschäftigen kann.	☐
Mir liegen ausreichend Quellen zur Bearbeitung des Themas vor.	☐
Für Facharbeiten mit praktischem Anteil: Ich habe sichergestellt, dass ich die notwendigen Materialien beschaffen kann.	☐

4.2 Bestandteile und Gliederung

In diesem Kapitel finden Sie Kopiervorlagen in Form von verschiedenen Informationstexten, einer Formulierungshilfe und einer abschließenden Checkliste zu den Bestandteilen und der Gliederung einer Facharbeit. Diese können je nach Bedarf eingesetzt werden.

| KV B1 | Info: Bestandteile einer Facharbeit – Überblick |

Eine Facharbeit ist im Grunde genauso aufgebaut wie eine wissenschaftliche Arbeit im Rahmen eines Bachelor- oder Masterstudiengangs oder einer Promotion. Im Gegensatz zu einer wissenschaftlichen Arbeit ist eine Facharbeit aber weniger umfangreich und aufwendig, weshalb sie auch eine Heranführung an wissenschaftliches Arbeiten darstellt. Vor diesem Hintergrund lassen sich die Bestandteile einer Facharbeit aus der DIN 1422 Teil 4 (1986) zur Gestaltung von Forschungsberichten ableiten.

Pflichtelemente

Zu den Pflichtelementen einer Facharbeit gehören das Titelblatt, das Inhaltsverzeichnis und die Strukturelemente Einleitung, Hauptteil, Schluss. Außerdem sind das Literaturverzeichnis und die Eidesstattliche Versicherung verpflichtend. Je nach Gestaltung der Arbeit und Vorgaben der Schule bzw. der Fachlehrkraft können darüber hinaus auch weitere Bestandteile verpflichtend sein. Hierzu gehören das Abbildungs- und Tabellenverzeichnis, die Anlage bzw. der Anhang sowie eine CD-ROM.

Titelblatt

Auf dem Titelblatt einer Facharbeit sollten in der Regel nur die relevanten Angaben, die im Zusammenhang mit der Prüfung stehen, aufgeführt werden. Hierzu gehören: Name der Schule, Titel (Thema) und ggf. Untertitel der Arbeit. Die Fragestellung wird meist erst in der Einleitung genannt. Zusätzlich werden die Art der Arbeit (hier: Facharbeit), Kursangaben (Kursbezeichnung, Kursleitung/Prüfer, Schuljahr) sowie Ihr Name und das Abgabedatum darauf ausgewiesen. Für das Layout des Deckblattes gibt es keine allgemein gültigen Vorgaben. Hier sind die Vorstellungen Ihrer Schule und Ihrer betreuenden Lehrperson zu berücksichtigen. Der Titel der Arbeit sollte durch eine entsprechende Gestaltung (größere Schrift/Fettdruck) hervorgehoben und die weiteren Punkte in voneinander abgegrenzten übersichtlichen Abschnitten aufgeführt werden. In der Regel existieren an Ihrer Schule bereits Beispiele für das Layout des Deckblatts, die Ihnen als Vorlage zur Verfügung gestellt werden können.

Inhaltsverzeichnis

Das Inhaltsverzeichnis ermöglicht einen Überblick über den Aufbau und die Inhalte einer Arbeit. Anhand der Gliederung wird die Gedanken- bzw. Argumentationsfolge des Schreibers ersichtlich. Möchte sich ein Leser einen Überblick über den Inhalt eines Buches oder einer wissenschaftlichen Arbeit verschaffen, wird sein erster Blick in das Inhaltsverzeichnis fallen. Durch formale Aspekte wie z.B. Aufführen der Seitenangaben, der Verzeichnisse und ggf. der Anlage, kann ein Leser darüber hinaus zielstrebig bestimmte inhaltliche Abschnitte auffinden (vgl. Stickel-Wolf & Wolf, 2011). Bei der Erstellung eines Inhaltsverzeichnisses ist auf die folgend aufgeführten Aspekte zu achten (vgl. auch DIN 1422 Teil 1):

- Das Gliederungssystem und die formale Gestaltung sind einheitlich zu gestalten. Universell verbindliche Vorgaben hierfür gibt es nicht. Es gelten daher die Vorgaben Ihrer Schule, allerdings kann durch das Einrücken der Unterpunkte (z. B. 2.2; 2.2.2) die Wertigkeit der Kapitel verdeutlicht und insgesamt die Übersichtlichkeit des Inhaltsverzeichnisses erhöht werden.
- Die Überschriften sind aussagekräftig und knapp zu gestalten (siehe Ausführungen in Abschnitt „Gliederung einer Facharbeit").
- Die im Inhaltsverzeichnis abgedruckten Überschriften müssen mit denen im Verlauf Ihrer Facharbeit übereinstimmen.

- Alle Gliederungspunkte erhalten eine rechtsbündig gesetzte Seitenzahl. Diese müssen mit den Seitenzahlen der entsprechenden Abschnitte im Verlauf Ihrer Facharbeit übereinstimmen.
- Sämtliche Verzeichnisse (Abbildungs- Tabellen-, Abkürzungs- und Literaturverzeichnis) sowie Bestandteile des Anhangs sind darin mit aufzuführen.

> *Tipp: Viele Textverarbeitungsprogramme haben die Funktion, ein Inhaltsverzeichnis automatisch zu erstellen. Vorteil hiervon sind die einheitliche Struktur sowie die Übernahme von Veränderungen in den Überschriften sowie die automatische Anpassung an Veränderungen in den Seitenangaben, die sich während Ihres Schreibprozesses ergeben werden. Im Internet finden Sie dazu inzwischen zahlreiche gute Video- und Text-Tutorials.*

Weitere Verzeichnisse Neben dem Inhalts- und dem Literaturverzeichnis sollten Sie nur dann weitere Verzeichnisse aufnehmen, wenn diese aufgrund der Gestaltung Ihrer Arbeit notwendig sind. Sie werden dann hinter dem Inhaltsverzeichnis in der Arbeit eingefügt. Abkürzungs- und Symbolverzeichnisse sind nach Vereinbarung mit der Lehrperson, die Sie betreut, aufzunehmen. Ein Tabellenverzeichnis sowie ein Abbildungsverzeichnis sind dann aufzunehmen, wenn in der Facharbeit Tabellen oder Abbildungen verwendet werden.

Eidesstattliche Versicherung Mit der sog. Eidesstattlichen Versicherung bestätigen Sie, dass Sie die Arbeit selbstständig und nur unter der Zuhilfenahme der ausgewiesenen Hilfsmittel angefertigt haben. Außerdem versichern Sie an Eides statt, dass Sie alle Stellen, die im Wortlaut oder dem Sinn nach anderen Werken entnommen wurden, kenntlich gemacht haben. Der genaue Wortlaut der Erklärung ist Vereinbarungssache und wird meist von den Schulen vorgegeben.

| KV B2 | **Info: Einleitung, Hauptteil und Schluss** |

Einleitung, Hauptteil und Schluss stellen die inhaltlichen Kernbestandteile einer Facharbeit dar.

Eine Einleitung hat die Funktion, den Leser in das Thema und das Ziel Ihrer Arbeit einzuführen sowie ihm eine Übersicht über die Inhalte der jeweiligen Kapitel zu geben. Darüber hinaus soll hier das Interesse des Lesers geweckt werden, sich mit der entsprechenden Thematik und der spezifischen Fragestellung im Haupt- und Schlussteil auseinanderzusetzen zu wollen. Eine gelungene Einleitung sollte dabei folgende Aspekte ausweisen (vgl. DIN 1422 Teil 4, 1986; Stickel-Wolf & Wolf, 2001; Kornmeier, 2009; Schäfer & Heinrich, 2010; Voss, 2011; Franck & Stary, 2013):

Funktion der Einleitung

- Themenstellung der Arbeit: Worum geht es in der Arbeit?
- Relevanz des Themas (gesellschaftlich, fachlich etc.): Welchen Stellenwert hat das Thema für die Gesellschaft, für das Fach? Gibt es einen aktuellen Aufhänger, ein prägnantes Zitat, an dem die Wichtigkeit oder Bedeutung des Themas deutlich wird?
- Eingrenzung des Themas: Inwieweit wird das Thema in der vorliegenden Arbeit eingegrenzt? Welche Aspekte werden weniger berücksichtigt oder von vornherein ausgeklammert? Wie lässt sich diese Eingrenzung begründen? Welche Konsequenzen könnte dies für die Aussagekraft oder Tragfähigkeit der Ergebnisse haben?
- Zentrale Fragestellung: Welche spezifische Fragestellung soll mit der vorliegenden Arbeit untersucht bzw. beantwortet werden? Welches Ziel wird mit dieser Arbeit verfolgt?
- Methodischer Schwerpunkt der Arbeit: Ist die Arbeit eine theoretische (quellenbasierte) Arbeit? Wurde Literatur (Roman, Drama, Gedichte) analysiert? Oder ist sie eine praktische, z.B. experimentelle oder künstlerisch-gestalterische, Arbeit? Wurde eine Umfrage durchgeführt und ausgewertet? Wurden dazu Fragebögen erstellt und ausgewertet oder narrative Interviews geführt? Ist es eine qualitative, quantitative Erhebung? Wie groß ist die Stichprobengröße? usw.
- Kurze und knappe Darstellung des wesentlichen Ergebnisses der Arbeit: Zu welchem Ergebnis/zu welcher Erkenntnis hat die Arbeit geführt? Wie kann die Fragestellung beantwortet werden?
- Überblick über das Vorgehen bzw. den Aufbau der Arbeit: Welches Kapitel leistet welchen Beitrag (hat welche Funktion) zur Klärung der Fragestellung?

Zentrale Aspekte der Einleitung

Die Länge der Einleitung steht immer im Verhältnis zur Gesamtlänge Ihrer Facharbeit. Sie sollte ca. 15 Prozent ihrer Gesamtarbeit ausmachen.

> *Tipp: Es ist möglich, die Einleitung sowohl zu Beginn Ihres Schreibprozesses, also vor dem Hauptteil, zu verfassen als auch erst am Ende, also nach dem Abfassen des Hauptteils und des Schlussteils, zu schreiben. Letztgenannte Möglichkeit ist strategisch einfacher, da Sie Ihre fertige Arbeit und auch Ihre Ergebnisse bereits kennen und einschätzen können, welche Erwartungen Ihre Arbeit tatsächlich erfüllen kann.*

Funktion des Hauptteils

Der Hauptteil ist das Kernstück Ihrer Facharbeit, da hier die eigentliche strukturierte inhaltliche Ausarbeitung dargestellt ist. Er ist in Unterkapitel zu untergliedern, wobei der genaue Aufbau abhängig von der zentralen Fragestellung und Ihrer Art der Bearbeitung ist.

Zentrale Aspekte des Hauptteils

Die folgenden allgemeinen Aspekte sollten in Ihrem Hauptteil aber Berücksichtigung finden:
- Definitionen: Es ist zunächst dafür zu sorgen, dass Leser und Schreiber von einem gleichen Begriffsverständnis ausgehen. Deshalb sollten Sie alle zentralen (Fach-)Begriffe definieren (vgl. Kornmeier, 2009; Franck & Stary, 2013). Dies ist insbesondere wichtig, wenn eine Vielzahl von Definitionen eines Begriffs gebräuchlich sind oder wenn Sie Begriffe nutzen, die aus dem allgemeinen Sprachgebrauch bekannt sind aber nicht Ihrer zugrunde gelegten Definition entsprechen (z.B. der Begriff Alter). Wenn Sie sich für eine Definition entscheiden und diese Ihrer Facharbeit zugrunde legen, sollten Sie Ihre Wahl begründen. Alle weiteren Inhalte müssen auf diese Definition bezogen werden. Nur Quellen, die auf derselben Definition aufbauen, können problemlos verglichen und übertragen werden (vgl. Kornmeier, 2009).
- Ebenso sind die fachlichen Grundlagen, die zum Verständnis Ihrer Facharbeit notwendig sind, zu erläutern.
- In den weiteren Kapiteln des Hauptteils erfolgen die inhaltliche Ausarbeitung des Themas und die sukzessive Beantwortung der zentralen Fragestellung. Der Aufbau dieser Kapitel erfolgt nach einer für das Thema sinnvollen Gliederungsstruktur.

Im Hauptteil Ihrer Facharbeit wird Ihre Eigenleistung besonders deutlich. Ihre Aufgabe ist es, die für Ihr Thema relevanten Kriterien, Argumente und Gegenargumente, Theorien sowie ggf. Statistiken und Zahlen selbstständig auszuwählen und möglichst schlüssig und stringent zueinander in Bezug zu setzen. Bei einer rein theoretischen Arbeit steckt z.B. gerade in der Auswahl geeigneter Quellen und Aussagen sowie in dem In-Beziehung-Setzen und in den Schlussfolgerungen die individuelle Leistung. Dementsprechend können Arbeiten, die das gleiche Thema und sogar dieselbe Fragestellung verfolgen, je nach Auswahl und Verknüpfung der Quellen zu anderen Ergebnissen kommen. Beachten Sie, dass ein bloßes Behaupten von Aussagen ohne einen Quellenverweis oder eine logische Herleitung unwissenschaftlich sind und daher nicht in eine Facharbeit gehören (vgl. Kornmeier, 2009).

> *Tipp: Ihre intensive und kritische Auseinandersetzung mit einem Thema führt zwangsläufig zur Entwicklung einer eigenen Meinung. Allerdings sind persönliche Wendungen wie „Ich finde …" „Ich meine …" etc. in wissenschaftlichen Arbeiten eher unüblich. Ihr eigener Standpunkt wird dadurch deutlich, dass Sie sich entscheiden, inwiefern Sie Aussagen*
> *… gleich oder differenziert behandeln,*
> *… aufzählen oder diskutieren,*
> *… als gesetzt betrachten oder infrage stellen,*
> *… beschreiben oder kritisieren.*

Funktion des Schlussteils

Der Schlussteil (auch das Fazit) dient dazu, die aufgeworfene Fragestellung zu beantworten, die Relevanz der Ergebnisse einzuschätzen und ggf. einen Ausblick auf weiterführende Fragestellungen zu geben (vgl. Stickel-Wolf & Wolf, 2001; Kornmeier, 2009; Schäfer & Heinrich, 2010; Voss, 2011; Franck & Stary, 2013). Ein gelungener Schlussl sollte die folgenden Elemente enthalten, die je nach Thema unterschiedlich stark ausgeprägt sein können:

Zentrale Aspekte des Schlussteils

- Zusammenfassung: Wiedergabe der für die zentrale Fragestellung relevanten Aussagen. Um Wiederholungen zu vermeiden, sollten hier nur wesentlichen Aussagen der Arbeit auf einen Nenner gebracht werden.
- Reflexion: Hier sollten Sie die zentrale Fragestellung wiederholen, den Bezug zum Hauptteil und insbesondere zur Einleitung aufzeigen. Hilfsfrage: Welche Fragen konnten beantwortet werden, welche bleiben offen? Sie sollten Ihre Ergebnisse und Ihre Arbeit kritisch hinterfragen und ihren Stellenwert einschätzen. Hilfsfragen: Wie können die Erkenntnisse eingeschätzt werden? Sind sie verallgemeinerbar? Welche Schwächen zeigt die Arbeit auf? Welche Bedeutung wird die Arbeit für die Zukunft haben?
- gegebenenfalls Ausblick: Hier sollten Sie skizzieren, wie es im Anschluss an diese Arbeit weitergehen könnte und z.B. weiterführende Fragestellungen formulieren, die sich für Sie aus den von Ihnen gewonnenen Erkenntnissen ergeben. Hilfsfragen: Welche Fragen haben sich aus dem neuen Erkenntnisstand für mich erschlossen? Welche Bedingungen müssten geschaffen werden, um in dieser Richtung weiter zu forschen? Welche Verbesserungsvorschläge ergeben sich hieraus für die Praxis, für die Forschung, für die Zukunft?

Insgesamt umfasst der Schlussteil ca. 10 Prozent der Facharbeit. Es sollte auf einen aussagekräftigen Schluss geachtet werden, indem das Thema noch einmal in einer besonderen Weise aufgenommen wird.

| KV B3 | Info: Gliederung einer Facharbeit |

Unter „Gliederung" wird der Aufbau der Facharbeit, d. h. die Anordnung der einzelnen Bestandteile verstanden. Aus der Gliederung geht Ihre inhaltliche Aufbereitung des Gesamtthemas hervor. Es wird deutlich,
- inwiefern Sie das Gesamtthema durchdrungen haben,
- welche Unterthemen Sie nutzen, um die Fragestellung zu beantworten,
- wie Sie die einzelnen thematischen Aspekte zueinander stellen,
- welche Themenfelder für Sie über- bzw. untergeordnet sind,
- in welcher Reihenfolge die Informationen gegeben werden.

Letztlich wird also Ihr Gedankengang bzw. der Argumentationsstrang sichtbar.

Überschriften

Hierzu ist es notwendig, dass Ihre sprachliche und formale Gestaltung eindeutig und aussagekräftig ist. Mit sprachlicher Gestaltung ist die Benennung der einzelnen Überschriften gemeint. Diese sollten so kurz und so prägnant formuliert sein, dass der Leser von ihnen auf die Inhalte der Kapitel schließen kann. Eine reine Benennung der Bestandteile der Arbeit (z. B. Hauptteil, Schluss) erfüllt diesen Zweck nicht und ist daher unzureichend. Das Aufteilen des Gesamtthemas in einzelne Unterpunkte macht die Arbeit übersichtlich. Bei einer zu feinen Aufteilung des Themas verliert der Leser aber den Überblick, weil inhaltlich zusammengehörende Aspekte auseinandergerissen und damit unverständlich werden.

Gliederungsprozess

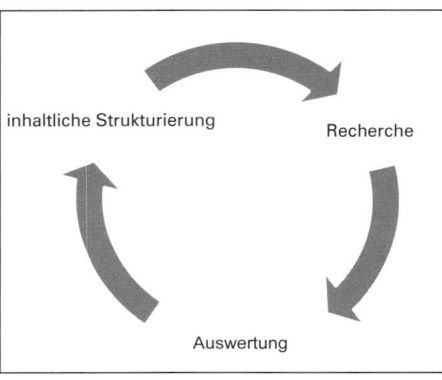

Abbildung 1: Gliederungsprozess

Der Gliederungsprozess besteht aus der Ordnung und Strukturierung der recherchierten Daten und Exzerpte, sodass eine logische Abfolge entsteht. Dies ist ein zeitaufwendiger Prozess, bei dem sich die Phasen Recherche, Auswertung, Strukturierung der Inhalte mehrfach wiederholen können, bis die Gliederung endgültig feststeht. Ein erster Entwurf entsteht meist in der Anfangsphase, nachdem das Thema recherchiert und die Fragestellung erarbeitet wurde. Im weiteren Verlauf der Erarbeitung wird dieser erste Entwurf in der Regel mehrfach wieder verändert und verfeinert. Erst bei der intensiven Auseinandersetzung mit der Fragestellung kann die Gesamtheit des Themas erfasst und damit die inhaltliche Struktur der Facharbeit festgelegt werden.

Eine gute Gliederung setzt voraus, dass Sie mit dem Thema so vertraut sind, dass Sie wissen, was Sie vermitteln und welches Ziel Sie insgesamt erreichen wollen. Nur dann sind Sie in der Lage, den Leser auf Ihren Gedankengang mitzunehmen und den „roten Faden" herzustellen.

Folgende Fragen helfen Ihnen beim logischen Aufbau der Arbeit:
- Welchen Bezug hat die einzelne Information zum Gesamtthema?
- Welche Informationen müssen in welcher Reihenfolge gegeben werden, damit der unwissende Leser sie verstehen kann?
- Inwiefern ist die gegebene Information an dieser bestimmten Stelle notwendig?

Voraussetzung hierfür ist, Wesentliches von Unwesentlichem unterscheiden zu können.

Je besser die einzelnen Kapitel Ihrer Facharbeit in einander übergehen und die einzelnen Aussagen miteinander verknüpft werden, desto besser kann der Leser Ihrem Gedankengang folgen. Sie können dies unterstützen, indem Sie z.B. am Anfang und/oder am Ende eines Kapitels noch einmal den Bezug zur Fragestellung aufzeigen und so Verbindungen zwischen den Kapiteln herstellen (vgl. DIN 1421, 1983-01; Rechenberg, 2002; Grieb & Slemeyer, 2008; Stickel-Wolf & Wolf, 2011; Franck & Stary, 2013).

Um mit der formalen Gestaltung der Gliederung die inhaltliche Aussage zu unterstützen sind folgende Punkte zu berücksichtigen (vgl. DIN 1421, 1983-01):

Formale Aspekte

- Festlegung der Gliederungsordnung und des Gliederungsprinzips

		Gliederungsordnung	
		Nummerische Gliederung	Alphanummerische Gliederung
Gliederungsprinzip	linksbündig	1. 1.1 1.1.1 1.1.2 1.2 1.2.1 1.2.2 2. 2.1 2.1.1 2.1.2 2.2 …..	A. 1. 1.1 1.2 2. 2.1 2.2 B. 1. 1.1 1.2 2. …..

	Abstufungsprinzip	1.
		  1.1
		    1.1.1
		    1.1.2
		  1.2
		    1.2.1
		    1.2.2
		2.
		  2.1
		    2.1.1
		    2.1.2
		  2.2
		    2.2.1
		    2.2.2
		…..
			A.
			  1.
			    1.1
			    1.2
			  2.
			    2.1
			    2.2
			B.
			  1.
			    1.1
			    1.2
			  2.
			    2.1
			    2.2
			…..

Abbildung 2: Gliederungsform (in Anlehnung an Burchert & Sohr, 2005, S. 30)

- Jede Untergliederung muss mindestens aus zwei gleichrangigen Punkten (z.B. 1.1 und 1.2) bestehen.
- Gliederungspunkte, die auf der gleichen Hierarchieebene stehen, müssen auch inhaltlich gleichrangig sein.
- Die Aufteilung eines Kapitels sollte auf maximal vier Gliederungsebenen erfolgen (bspw. 1.1.1.1).
- Die Gestaltung muss einheitlich sein (Überschriften, Gliederungsebenen, Seitenzahlen aus dem Inhaltsverzeichnis und im Text müssen übereinstimmen).

| KV B4 | Info: Einbindung diskontinuierlicher Texte |

Funktion von Abbildungen/ Tabellen

Ihre Facharbeit kann neben dem fortlaufend geschriebenen Text auch diskontinuierliche Texte wie z.B. Abbildungen (Diagramme, Schaubilder, Bilder, Schemata) und Tabellen enthalten. Diese sind grundsätzlich in den Text einzubinden, sollten aber auch einen Informationsmehrwert enthalten. Das heißt, Sie nutzen Tabellen oder Abbildungen z.B. zur Veranschaulichung komplexer Sachverhalte, um einen zusammenfassenden Überblick zu geben, zur Unterstützen des Textverständnisses oder um eine Aussage zu verdeutlichen bzw. weiter auszuführen. Geschriebener Text und Abbildung/Tabelle sollten also nicht eins-zu-eins dieselben Informationen enthalten, sondern sich gegenseitig ergänzen.

> *Tipp: Hinterfragen Sie immer, was Sie mit der jeweiligen Abbildung/Tabelle erreichen wollen und binden Sie diese dementsprechend in den Fließtext ein.*

Bei der Einbindung von Tabellen und Abbildungen sind folgende Formalia zu beachten (in Anlehnung an DIN 1422-4, 1986-08): Abbildungen und Tabellen

Formale Grundlagen

- sollten gut lesbar und in direkter Nähe zu dem zugehörenden Fließtext eingebunden sein.
- sind als solche zu kennzeichnen (Abb. bzw. Tab.) und durchgehend zu nummerieren.
- sind mit einem aussagekräftigen Titel zu versehen, der i.d.R. bei Tabellen als Überschrift und bei Abbildungen als Unterschrift eingefügt wird.

Im Sinne der Wissenschaftlichkeit und zur Wahrung der Urheberrechte sind Abbildungen und Tabellen außerdem – analog zu den Inhalten im fortlaufenden Text – entsprechend zu zitieren:

Abbildungen/ Tabellen zitieren

- Hierzu ist der Quellbeleg nach der von Ihnen genutzten Zitierweise (Fußnote oder Namen-Datum-Beleg) an die Über-/Unterschrift der Tabelle/Abbildung anzufügen.
- Bei genauer Übernahme (Scan, Kopie o.ä.) erfolgt die Kennzeichnung entsprechend als direktes Zitat, bei sinngemäßen bzw. unwesentlichen Veränderungen (z.B. Anpassungen der Beschriftungen an die Inhalte Ihrer Facharbeit o.ä.) als indirektes Zitat.
- Bei wesentlichen Änderungen der Originalabbildung/-tabelle können Sie den Zusatz „in Anlehnung an" oder „modifiziert nach" vor dem Quellbeleg hinzufügen.
- Die genannten Quellen werden als Vollbelege in das Literaturverzeichnis aufgenommen.

> *Tipp: Bei Abbildungen und Tabellen ohne Quellenbeleg wird entsprechend davon ausgegangen, dass Sie diese selbst erstellt haben. Zur Verdeutlichung können Sie anstelle des Belegs den Zusatz „selbst erstellt" hinzufügen.*

Abbildungs- und Tabellenverzeichnis

Ab wie vielen Abbildungen bzw. Tabellen ein entsprechendes Verzeichnis zu erstellen ist, ist nicht einheitlich geregelt. Besprechen Sie dies mit der Sie betreuenden Lehrperson. Für die Erstellung eines Tabellen- oder Abbildungsverzeichnisses gelten dann folgende Grundlagen:

- Die Auflistung der Abbildungen bzw. Tabellen erfolgt chronologisch entsprechend der Reihenfolge, in der Sie in der Facharbeit auftauchen (also entsprechend der Nummerierung).
- Dabei ist die Über-/Unterschrift inklusive der Bezeichnung (Abb. oder Tab.) und der Nummerierung buchstabengetreu aus Ihrer Facharbeit zu übernehmen.
- Ob zusätzlich die Quelle als Kurz- oder Vollbeleg in das Verzeichnis aufgenommen wird, ist nicht einheitlich geregelt. Besprechen Sie dies ggf. mit der Sie betreuenden Lehrperson.
- Alle Einträge sind rechtsbündig mit der Seitenzahl zu versehen, auf der die Abbildung/Tabelle in Ihrer Arbeit zu finden ist.

> *Tipp: Nutzen Sie die Funktion der automatisierten Beschriftung sowie Verzeichnisfunktionen in Textverarbeitungsprogrammen. So ist eine einheitliche Darstellung sowie auch die automatische Übernahme bei Änderungen (und damit Fehlervermeidung) möglich. Im Internet finden Sie verschiedene Tutorials dazu.*

| KV B5 | Hilfe: Formulierungshilfen für Einleitung und Hauptteil |

Die hier zusammengestellten Beispiele sind nur eine Form von Hilfen für Ihr eigenes wissenschaftliches Schreiben. Darüber hinaus empfiehlt sich insbesondere das bewusste Lesen von wissenschaftlichen Quellen als Hilfestellung. Machen Sie sich dabei klar, was durch welche Sprachmittel ausgedrückt wird. Jede Autorin bzw. jeder Autor (auch Sie als Autorin bzw. Autor Ihrer Facharbeit) hat einen eigenen Sprachstil beim Formulieren wissenschaftlicher Arbeiten. Versuchen Sie, Ihren Stil zu finden – denn wissenschaftliches Schreiben ist auch Übungssache.

Einleitung
- Das Ziel dieser Facharbeit ist (…).
- Dabei sollen insbesondere die Aspekte (…)
- dargestellt/beschrieben/analysiert/überprüft/thematisiert/erläutert/erörtert/… werden. [Hinweis: Eingrenzungen begründen]
- Der Schwerpunkt liegt dabei auf (…). [Hinweis: Eingrenzungen begründen]
- Die vorliegende Facharbeit geht der Frage nach, ob/was/inwieweit/ (…).
- Zunächst/Als erstes/Zu Beginn (…).
- Als nächstes (…). Dann/Danach/Daran anschließend (…). In Kapitel x (…).
- Abschließend (…).

Hauptteil
- Im Folgenden wird dargestellt/beschrieben/betrachtet/analysiert/thematisiert/erläutert/…
- Einerseits (…), andererseits (…). Zum einen (…), zum anderen (…).
- An dieser Stelle/In diesem Zusammenhang ist darauf hinzuweisen/ist festzuhalten/wird deutlich, dass (…).
- Berücksichtigt man (…), wird deutlich, dass (…).
- Um (…) zu verstehen, was/wie/ob/… (…), muss man wissen/beachten/berücksichtigen (…).
- Darüber hinaus muss man berücksichtigen/beachten/in Betracht ziehen, dass (…).
- Trotzdem ist festzuhalten, dass (…).
- Dem steht entgegen, dass (…).
- Dagegen lässt sich anführen, dass (…).
- Im Gegensatz hierzu vertritt XY die Auffassung, dass (…).
- Nun kann man einwenden, dass (…). Dagegen lässt sich einwenden, dass (…).
- (…) ist in Frage zu stellen, weil (…).
- Es liegt nahe, dass (…). / Es liegt nahe, zu vermuten, dass (…). [Hinweis: Eingrenzungen begründen]
- An diesem Beispiel kann gezeigt werden/lässt sich zeigen/wird deutlich/wird belegt/kann illustriert werden, dass/wie/inwieweit/… (…).
- Abschließend/Zusammenfassend/Zusammenführend kann man festhalten/somit bestätigen/damit widerlegen, dass (…).

| KV B6 | **Checkliste: Bestandteile und Gliederung der Facharbeit** |

Meine Facharbeit enthält alle notwendigen Bestandteile (Deckblatt, Inhaltsverzeichnis, Literaturverzeichnis, Eidesstattliche Versicherung. Falls notwendig Abbildungs-/Tabellenverzeichnis, Anhang, CD). ☐

Meine Facharbeit enthält Einleitung, Hauptteil und Schluss. ☐

Der Hauptteil ist in verschiedene Unterkapitel untergliedert. ☐

Alle Gliederungspunkte stehen in Bezug zu meiner Fragestellung. ☐

Ich habe einen roten Faden für meine Facharbeit erarbeitet, der in der Gliederung erkennbar ist. ☐

Die Überschriften aller (Unter-)Kapitel sind aussagekräftig. ☐

Ich habe alle formalen Aspekte zur Gliederung eingehalten. ☐

Die Einleitung enthält alle notwendigen Aspekte. ☐

Im Schluss der Facharbeit wird die leitende Fragestellung beantwortet. ☐

4.3 Quellenrecherche

In diesem Kapitel folgen Kopiervorlagen in Form von verschiedenen Informationstexten, weiterführenden Hilfen und einer abschließende Checkliste zur Quellenrecherche. Diese können je nach Bedarf eingesetzt werden.

| KV C1 | Info: Quellenrecherche – Ein Überblick |

Die Recherche und Auswertung relevanter Quellen findet in mehreren Schritten statt und begleitet Sie beim Schreiben Ihrer Facharbeit über den gesamten Arbeitsprozess hinweg.

Überblick verschaffen

Um sich einen ersten inhaltlichen Überblick über Ihr Thema sowie verschiedene Aspekte und mögliche Schwerpunkte zu verschaffen, suchen Sie bereits zu Beginn des Arbeitsprozesses im Rahmen der Themensuche bzw. Erarbeitung einer konkreten Fragestellung eher schnell und wenig systematisch nach direkt zugänglichen Quellen. Hier können Ihnen insbesondere Lexika, Fachwörterbücher oder Schul-/Lehrbücher, aber auch Wikipedia helfen. Gleichzeitig stoßen Sie hierbei bereits häufig auf weiterführende, für Ihr Thema bedeutsame Literatur, Autoren, Schlagwörter usw. Da diese Ihre weiteren Recherchephasen vereinfachen können, sollten Sie solche Verweise bereits sorgfältig notieren.

Ausführliche Recherche

Vertiefter und spezifischer wird Ihre Recherche dann im Rahmen der Strukturierung und Erarbeitung der Gliederung. Die eigentliche systematische und zeitaufwendigere Literaturrecherche betreiben Sie aber erst dann, wenn Sie das Thema und die Fragestellung ausgewählt und bereits eine erste Gliederung erarbeitet haben. Für die Beantwortung Ihrer Fragestellung tragen Sie relevante Informationen zusammen, erarbeiten die theoretische Basis für ein Experiment, stellen Argumente gegenüber, ziehen Rückschlüsse usw. Dabei reicht es nicht aus, nur zufällig auf die Schnelle auffindbare Quellen zu nutzen. Stattdessen müssen Sie passgenaue Informationen finden und die Quellen im Hinblick auf die Fragestellung reflektieren, beurteilen und auswählen sowie anschließend auswerten und verwalten. Dabei ist ein strukturiertes Vorgehen besonders wichtig, damit Sie sich in diesem Prozess der Informationsgewinnung nicht verlieren und nicht immer mehr Material anhäufen, welches innerhalb der vorgegebenen Rahmenbedingungen nicht entsprechend bearbeitet werden kann. Achten Sie deshalb darauf, die Literaturrecherche in Ihre Arbeits- und Zeitplanung aufzunehmen und in dieser intensiven Form zu einem bestimmten Zeitpunkt für beendet zu erklären. Verschiedene Lesetechniken können Ihnen außerdem dabei helfen, schnell und gezielt Informationen zu erfassen.

Nachrecherche

Im weiteren Verlauf werden Sie immer wieder kurze Recherchephasen benötigen, um z. B. fehlende Details zu erarbeiten oder Informationen richtig zu belegen bzw. abzusichern. In diesem Rahmen werden Sie eventuell weitere Quellenverweise und inhaltliche Aspekte finden, die sie noch nicht ausgewertet und in Ihre Facharbeit aufgenommen haben. Auch deshalb gilt: Grenzen Sie den Hauptprozess der Recherche zeitlich ein.

Welche Quellenarten genau für eine Facharbeit benötigt werden, ist u.a. abhängig von Thema und methodischem Vorgehen. Bei manchen Themen stellt die Arbeit mit ausgewählten Medienarten (z. B. Filmausschnitte, Tonaufnahmen, Pressemitteilungen …) oder die Erarbeitung eigener Informationen (z. B. Interviews, Experimente, Umfragen …) einen Schwerpunkt dar. Grundlage bleibt aber auch dabei die Erarbeitung von überprüftem bzw. überprüfbarem Wissen aus Büchern, Zeitschriftenartikeln, Internetdokumenten usw.

Im Rahmen der Recherche werden Sie zu Ihren verschiedenen Schlagwörtern vermutlich eine ganze Reihe von Quellen finden. Da Sie zur Erstellung Ihrer Facharbeit aber nur einen gewissen zeitlichen Rahmen zur Verfügung haben und Ihre Quellen auch noch bearbeiten müssen, ist es notwendig, frühzeitig und zielgerichtet diejenigen Quellen auszuwählen, die für die Erstellung Ihre Facharbeit möglichst gut nutzbar sind. Sie müssen also relevante Quellen von weniger relevanten Quellen unterscheiden. Hierbei spielt die Beurteilung der Quelle nach wissenschaftlichen wie auch inhaltlichen Kriterien eine Rolle.

| KV C2 | Info: Wo finde ich Quellen? |

Zur Auffindung konkreter Quellen für die Ausarbeitung Ihrer Facharbeit bieten sich verschiedene Ansatzpunkte und Möglichkeiten, wie z. B. Bibliotheken, Literaturdatenbanken, aber auch Internet-Suchmaschinen, an. Insbesondere die Kombination der verschiedenen Recherchemöglichkeiten hilft, eine angemessene Quellenauswahl für das Thema zu treffen.

Insbesondere in Städten mit ansässigen Hochschulen und Universitäten sollten Sie sich die nächstgelegene Bibliothek anschauen. Manche Schulen haben auch Schulbibliotheken vor Ort, die Sie nutzen können. In Bibliotheken können Sie sich bei der Recherche generell zunutze machen, dass die Buchbestände dort i.d.R. inhaltlich systematisch geordnet sind. Das heißt, wenn Sie ein einzelnes Buch zum Thema Ihrer Facharbeit dort aufgefunden haben, finden Sie meist daneben, darüber, darunter ... thematisch ähnliche Literatur. Durchstöbern Sie deshalb die entsprechenden Regalreihen. Zur generellen Nutzung der Bibliothek nehmen Sie vorhandene Schulungsangebote war bzw. informieren sich bei den Mitarbeiter/innen vor Ort. Bibliotheksausweise sind für Schüler unter 18 Jahren häufig kostenlos oder für ein geringes Jahresentgelt zu erhalten. Damit erhalten Sie nicht nur einen Zugang zum vorhandenen Buch-, Zeitschriften- und ggf. Medienbestand, sondern häufig auch zu verschiedenen lizenzierten Datenbanken und vielen digitalen Volltexten wie E-Books und pdf-Versionen von Zeitschriften.

Recherche in Bibliotheken vor Ort

Eine gute Möglichkeit zur Erschließung von Literatur (und teilweise auch anderer Quellenarten) ist die Nutzung von Literaturdatenbanken im Internet bzw. entsprechenden Datenbanken in Bibliotheken. Die Datenbankrecherche ist abzugrenzen von der Internetrecherche, die über allgemeine Suchseiten verläuft (Hinweise hierzu siehe unter D). Literaturdatenbanken sind digitale Datenbanken mit bibliografischen Informationen (Autor, Titel, Erscheinungsjahr ...) und ggf. weiteren Textinformationen (Abstracts, Inhaltsverzeichnis, Schlagwörter ...) verschiedener Quellen.

Recherche in Literaturdatenbanken

Berücksichtigen Sie bei Ihrer Recherche, dass es viele verschiedene Literaturdatenbanken gibt und Sie die für sich passenden Datenbanken auswählen müssen. Die Recherche in Datenbanken findet i.d.R. über eine Schlagwortsuche statt; je nach Datenbank stehen verschiedene Möglichkeiten der erweiterten Suche und damit auch der Ergebniseingrenzung zur Verfügung. Für eine Datenbankrecherche ist es daher notwendig, dass Sie Ihr Thema bzw. die verschiedenen Inhaltspunkte präzise mit Schlag- und ggf. Stichwörtern versehen können, um diese in die Suchmaske einzugeben. Weitere Hinweise finden Sie im Material „Vertiefung Recherche in Literaturdatenbanken" und „Beispiel Recherche in Literaturdatenbanken am Beispiel von sowiport".

Aufgrund der der ständigen, schnellen und umfassenden Verfügbarkeit hat die Recherche über Internet-Suchmaschinen mittlerweile einen hohen Stellenwert eingenommen. Generell können Sie bei der Internetrecherche auf die Hinweise und Tipps für die Datenbankrecherche (siehe oben) zurückgreifen. Trotzdem ist die Internetrecherche von der Datenbankrecherche deutlich zu unterscheiden, auch wenn beide häufig online und über eine Suchmaske mit Schlagworteingabe funktionieren. Die Internetrecherche greift i.d.R. nicht auf strukturierte und selektierte Datensätze zurück, sondern durchsucht Internetseiten nach den entsprechenden Suchbegriffen. Gleichzeitig ist die Internetrecherche nicht so sehr auf die reine Quellenrecherche beschränkt, sondern ermöglicht auch direkt die Suche

Recherche in Internet-Suchmaschinen

nach Informationen. Damit bietet Sie einige klare Vorteile, gleichzeitig aber auch spezifische Nachteile bzw. Schwierigkeiten, die berücksichtigt werden müssen (vgl. Wytrzens et al., 2008; Sensink, 2012; Sandberg, 2013):

Mögliche Vorteile
- Sofortige Verfügbarkeit von einer Vielzahl von Informationen und Quellen.
- Zeitliche Unabhängigkeit bei der Recherche.
- Dadurch ist eine hohe Aktualität der Informationen möglich. (Das bedeutet jedoch nicht, dass damit alle Informationen auch tatsächlich aktuell sind.)
- Die Internetrecherche findet auf einer größtenteils bekannten Benutzeroberfläche statt; der (technische) Umgang damit ist meist geübt im Gegensatz z. B. zur Recherche in Bibliotheken.

Mögliche Nachteile
- Unübersichtlichkeit der Informationsflut: häufig mehr Quellen als tatsächlich gesichtet werden können; gleichzeitig nicht immer nachvollziehbare Reihenfolge und damit Priorisierung der Informationen und Quellen.
- Schwer einschätzbare Qualität der Informationen: Jeder kann im Internet Informationen veröffentlichen; es gibt kaum Kontrollmechanismen, die die Qualität der Informationen gewährleisten; dies führt zu einer Vielzahl ungeprüfter und auch falscher Informationen.
- Kurzlebigkeit von Internetlinks: Wie lang ist eine Quelle verfügbar?
- Keine abschließende Verfügbarkeit aller Quellen: Nicht alle Informationen und Quellen sind online verfügbar; bestimmte ggf. relevante Quellen werden dann nicht berücksichtigt.

> *Tipp: Achten Sie bei der Recherche im Internet in jedem Fall eine besonders sorgfältige Prüfung der Nutzbarkeit jeder einzelnen Internetquelle im Hinblick auf ihre Seriosität und Wissenschaftlichkeit.*

Verschiedene Suchmaschinen
Neben der wohl bekanntesten Suchmaschine *Google* gibt es einer Reihe weiterer gut ausgebauter Suchmaschinen wie z. B. *DuckDuckGo* oder *Bing*. Meta-Suchmaschinen wie z. B. *MetaGer*, *Yippy* oder *Clusty* durchsuchen verschiedene Suchmaschinen gleichzeitig; die beiden letztgenannten clustern außerdem die Ergebnisse, was eine Einschätzung und Auswahl interessanter Ergebnisse vereinfachen kann. Besonders interessant sind im Hinblick auf Ihre Facharbeit aber vor allem Suchmaschinen, die auf wissenschaftliche Inhalte spezialisiert sind wie *Google Scholar* oder *Base* (Bielefeld Academic Search Engine). Diese verstehen sich als Suchdienste für wissenschaftliche (und damit verlässlichere und qualitativ hochwertigere) Informationen und Quellen.

Neben der Recherche in Suchmaschinen können im Internet vor allem auch die Internetseiten der Bundesministerien bzw. ihr nachgeordneter Behörden hilfreich sein. So finden sich z. B. auf der Internetseite der Bundeszentrale für politische Bildung (bpb) oder der Bundeszentrale für gesundheitliche Aufklärung (BZgA) vielfältige Informationsangebote sowie Möglichkeiten, (häufig kostenlose) Publikationen zu verschiedenen Themen zu beziehen. Über das Bundesministerium der Justiz und für Verbraucherschutz sind auf der Internetseite www.gesetzte-im-Internet.de verschiedenste Gesetze und Verordnungen in ihren aktuellen Auflagen abrufbar; das Statistische Bundesamt stellt über seine Homepage www.destatis.de vielfältige Statistiken und Publikationen zur Verfügung.

KV C3	Info: Wie finde ich Quellen? (1) – Erstellung einer Schlagwortliste

„Wonach muss Ich suchen?"– Als Grundlage Ihrer Literaturrecherche benötigen Sie bestimmte Schlagwörter, nach denen Sie Internet, Datenbanken, Stichwortverzeichnisse in Lehrbüchern usw. durchsuchen können. Das heißt also Begriffe, die Ihren Themenschwerpunkt bzw. die verschiedenen Teilaspekte und Gliederungspunkte Ihrer Facharbeit möglichst gut beschreiben und möglichst klar umreißen. Je besser Sie diese Schlagwörter bei der Suche variieren, desto mehr und desto gezieltere Ergebnisse erhalten Sie.

Hilfreich ist es, wenn Sie eine Schlagwortliste anlegen, welche die für Ihre Facharbeit relevanten Schlagwörter sowie dazu passende Synonyme, ggf. alternative Schreibweisen, Ober- und Unterbegriffe, Abkürzungen bzw. ausgeschriebene Formen usw. enthält. Hierdurch können Sie Wortnetze, sogenannte Thesauri (sing. Thesaurus), zu Ihrem Thema und später zu den einzelnen Gliederungspunkten erstellen und Ihre Suchbegriffe bei der Quellenrecherche schnell abwandeln. Bei der Erstellung solcher Wortnetze können Sie auch auf bereits vorhandene Thesauri zurückgreifen. Diese finden Sie z. B. in den gängigen PC-Office-Programmen, in Literaturdatenbanken oder z. B. unter https://www.openthesaurus.de/.

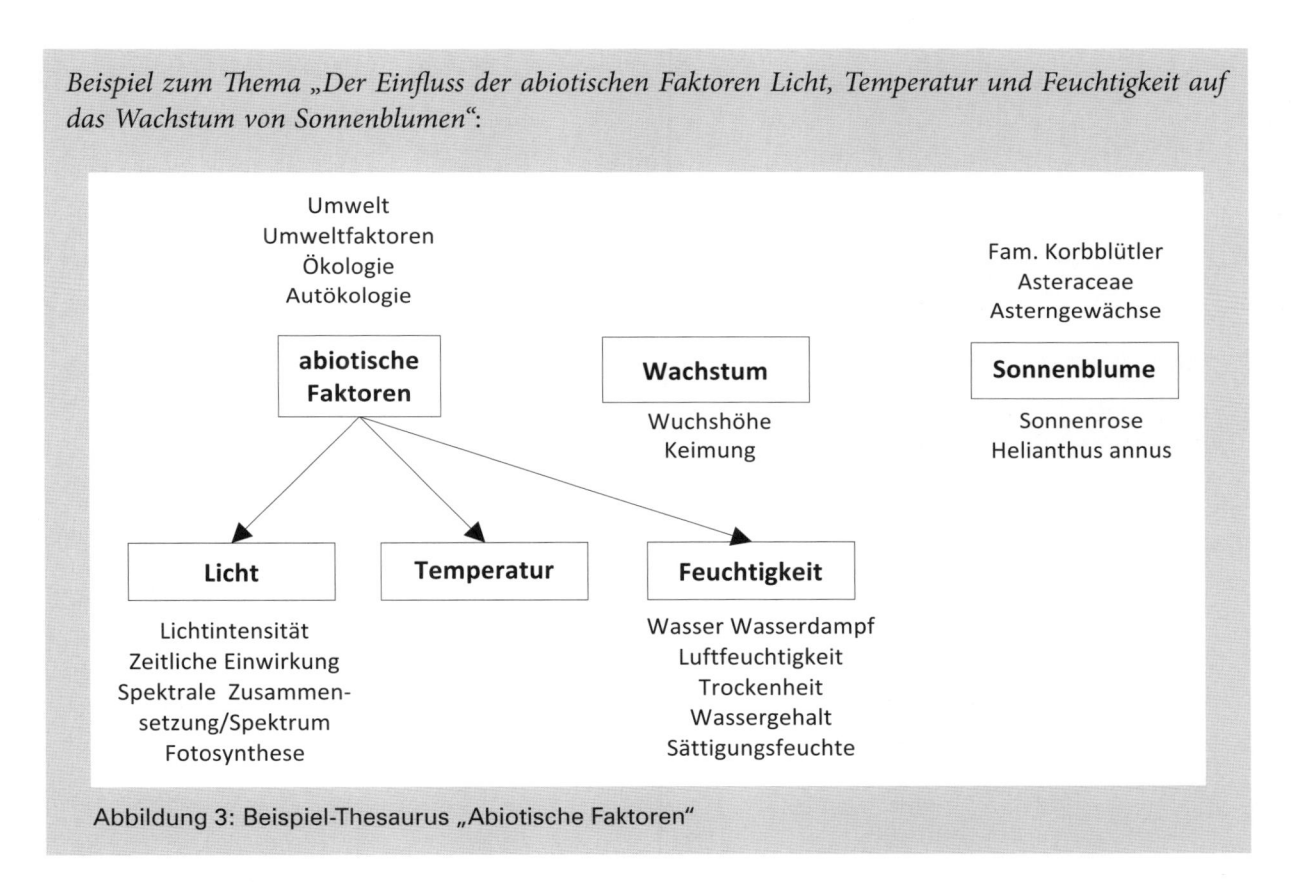

Beispiel zum Thema „Der Einfluss der abiotischen Faktoren Licht, Temperatur und Feuchtigkeit auf das Wachstum von Sonnenblumen":

Umwelt
Umweltfaktoren
Ökologie
Autökologie

Fam. Korbblütler
Asteraceae
Asterngewächse

abiotische Faktoren → **Licht**, **Temperatur**, **Feuchtigkeit**

Wachstum
Wuchshöhe
Keimung

Sonnenblume
Sonnenrose
Helianthus annus

Licht
Lichtintensität
Zeitliche Einwirkung
Spektrale Zusammensetzung/Spektrum
Fotosynthese

Feuchtigkeit
Wasser Wasserdampf
Luftfeuchtigkeit
Trockenheit
Wassergehalt
Sättigungsfeuchte

Abbildung 3: Beispiel-Thesaurus „Abiotische Faktoren"

Beispiel zum Thema „Leitmotive des Amerikanischen Traums in der Biografie von Al Capone":

American Dream   Leitprinzip   Biographie
                               Prinzip   Lebenslauf
                                                 Lebensgeschichte
                                                 Vita

Amerikanischer Traum	**Leitmotiv**	**Biografie**	**Al Capone**

                                                                                         Alphonse Gabriel
Puritanismus   „Vom Tellerwäscher   Alfonso Capone
Puritanische Werte   zum Millionär"

Tugendhaftigkeit   Wohlstand   Einwanderer
Strebsamkeit   Reichtum   Immigrant
Zielstrebigkeit

                   Chancengleichheit   Mafia

Abbildung 4: Beispiel-Thesaurus „American Dream"

| KV C4 | Info: Wie finde ich Quellen? (2) – Erweitertes Schneeballsystem |

Das Schneeballsystem kann Ihnen dabei helfen, aus einer einzelnen Quelle oder nur sehr wenigen Quellen heraus eine wachsende Anzahl von Quellen zu erhalten (vgl. Balzer et al., 2008; Wytrzens et al., 2012; Sandberg, 2013). Meist haben Sie im Rahmen der Themenfindung bereits ein Grundlagenwerk zum Thema Ihrer Arbeit gefunden. Vielleicht hat Ihnen Ihre Lehrerin bzw. ihr Lehrer einen Tipp gegeben, vielleicht sind Sie auch bei der (Internet-)Suche oder in der Bibliothek auf einen zentralen Buchtitel zu Ihrem Thema gestoßen. In diesen Quellen finden sich meist Hinweise auf weitere Quellen (z. B. über Fußnoten, Quellenverzeichnis oder auch im Fließtext), die für die Bearbeitung Ihrer Facharbeit relevant sein können. In der so gefundenen Literatur finden Sie wiederum weitere Hinweise, sodass Ihr Netz an möglichen nutzbaren Quellen immer größer wird. Gleichzeitig kann Ihre Literatursammlung dadurch auch immer konkreter auf Ihre Fragestellung hin abgestimmt werden, weil Sie von grundlegenden Darstellungen (z. B. in Schul- oder Lehrbüchern) zu Schwerpunktartikeln, konkreten Studien usw. verwiesen werden. In einem erweiterten Verständnis sollten Sie bei der Recherche nach dem Schneeballsystem nicht nur einzelne Quellenverweise berücksichtigen, sondern auch mögliche Schlagwörter und Schwerpunktsetzungen, wiederkehrend genannte Wissenschaftler bzw. zentrale Autoren zu Ihrem Thema usw.

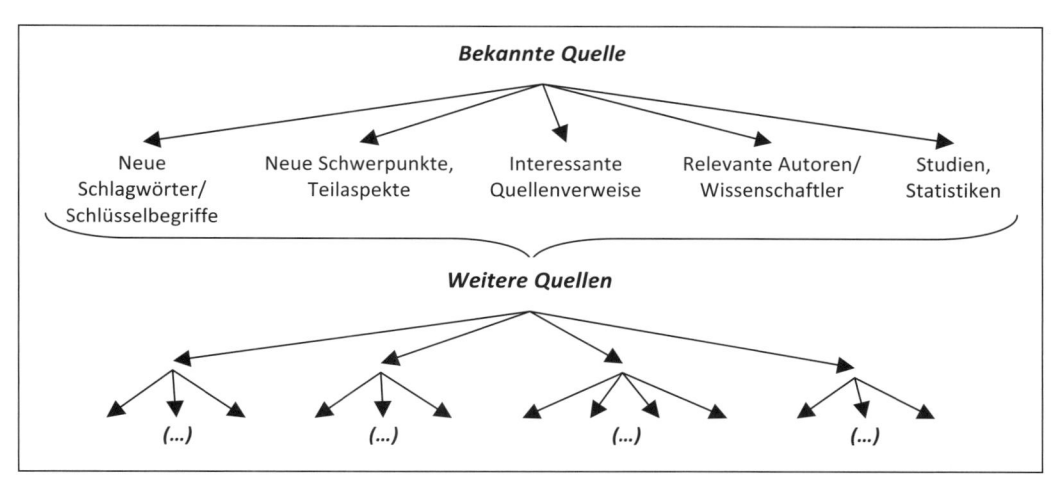

Abbildung 5: Erweitertes Schneeballsystem

Beispiel: Sie schreiben Ihre Facharbeit in Biologie zum Oberthema „Risiken beim Einsatz gentechnisch veränderter Lebensmittel". Ihr Fachlehrer hat Ihnen ein Standardlehrbuch der Biologie empfohlen. In diesem überfliegen Sie das Kapitel zur Gentechnik. Sie entdecken dabei einen Verweis auf ein Fachbuch zum Thema Gentechnik in der Lebensmittelproduktion. Wenn Sie dieses Buch durchblättern, entdecken Sie einen Aufsatz zu ethischen Aspekten der Gentechnik in der Lebensmittelproduktion. In diesem Aufsatz finden Sie u.a. im Fließtext den Verweis auf einen in diesem Kontext bedeutsamen Autor, in einer Fußnote eine interessant klingende Studie und bei Durchsicht des Literaturverzeichnisses eine Fachzeitschrift zum Thema. Dieses Beispiel verdeutlicht, wie Sie im Sinne des Schneeballsystems ausgehend von einer einzelnen Quelle eine Reihe verschiedener neuer Hinweise finden können.

Bei der Recherche nach dem Schneeballsystem sollten Sie Folgendes beachten:
- Sie finden häufiger Verweise auf weitere Quellen, die inhaltlich, argumentativ, methodisch usw. der Ausgangsquelle folgen. Kritische Betrachtungen, gegenläufige Strömungen, andere Denkschulen usw. könnten fehlen.
- Sie könnten auf eine kleine Gruppe immer gleicher Autoren stoßen, die sich ständig gegenseitig selbst zitieren (sogenannte Zitierzirkel). Andere relevante Autoren und Wissenschaftler könnten Ihnen bei der Recherche verloren gehen.
- Die Erscheinungsjahre der Quellen werden mit jedem Schritt älter, sodass evtl. die Aktualität Ihrer Rechercheergebnisse nicht mehr sichergestellt ist.

Das Schneeballsystem sollte daher immer mit weiteren Methoden kombiniert werden.

| KV C5 | Info: Recherche in Literaturdatenbanken – Vertiefung |

Folgende Informationen können Ihnen bei der Auswahl einer für Sie geeigneten Datenbank helfen (vgl. weiterführend auch Preißner, 2012; Oehlrich, 2015):

- **Fachspezifisch ausgerichtete Literaturdatenbanken**: Durch die entsprechende fachspezifische (z. B. naturwissenschaftliche, pädagogische ...) Ausrichtung ergibt sich bereits eine Quellenselektion.
- **Bibliothekskataloge einzelner Bibliotheken**: Bestandsverzeichnisse der jeweiligen Bibliothek mit Aussagen über die aktuelle Verfügbarkeit einer Quelle. In der Regel werden hier keine Quellen aufgeführt, die nicht zum Bestand dieser Bibliothek gehören, vielleicht aber trotzdem grundlegend für Ihre Facharbeit sein könnten.
- **Lizenzierte und freie Datenbanken**: Neben Datenbanken, über die nur bibliografische und ggf. zusätzliche Informationen zur Verfügung gestellt werden, gibt es auch Datenbanken, über die Volltexte abrufbar sind. Das heißt, dort wird Ihnen die Quelle (z. B. ein bestimmtes Buch oder eine Zeitschrift) komplett digital zur Verfügung gestellt. Häufig sind diese Datenbanken aber lizenziert, also nicht kostenlos und ohne Zugangsdaten verfügbar. Die meisten Bibliotheken haben aber Lizenzen für verschiedene Literaturdatenbanken, die dann für Sie als Bibliotheksnutzer kostenlos verfügbar sind.
- **Aufsatz- und Zeitschriftendatenbanken**: Einzelne Datenbanken sind auf die Recherche nach Zeitschriftenartikeln bzw. Aufsätzen spezialisiert. Auch innerhalb einer konkreten Literaturdatenbank finden Sie manchmal diese Unterscheidung. Achten Sie daher bei Ihrer Suche darauf, in welcher Art von Datenbank Sie sich befinden, da Sie abhängig davon unterschiedliche Ergebnisse erhalten. Sind Zeitschriftenartikel nämlich in einer gesonderten Datenbank gelistet, finden Sie bei der normalen Schlagwortsuche evtl. zwar Zeitschriften zu diesem Schlagwort, nicht aber einzelne Artikel, die für Ihre Facharbeit interessant sein könnten.
- **Metadatenbanken**: Bei der Suche in sogenannten Metadatenbanken wird auf mehrere zugrunde liegende Datenbanken zurückgegriffen. Sie suchen also in verschiedenen Datenbanken gleichzeitig.

Die unten stehenden Tabellen zeigen eine Auswahl gegenwärtiger Datenbanken, die sich evtl. für Ihre Recherche eignen. Im Mittelpunkt bei der Auswahl einer Datenbank steht immer Ihre Fragestellung.

Auswahl allgemeiner Datenbanken

DBIS	Datenbank-Informationssystem: Verzeichnis verschiedener freier und lizenzierter wissenschaftlicher Datenbanken nach Fachgebieten sortiert; mit Datenbank-Such-Funktion; Zugriff: www.bibliothek.uni-regensburg.de/dbinfo/.
DNB	Deutsche Nationalbibliothek: Enthält alle in Deutschland und im Ausland veröffentlichten deutschsprachigen Medienwerke ab 1913; Erweiterbare Suche auch z. B. nach verschiedenen Medienarten möglich; Zugriff: http://www.dnb.de/kataloge.
ZDB	Zentrale bibliografische Datenbank für Zeitschriften/Zeitungen mit Bestandsdatensatz. Hierüber erfahren Sie, welche Zeitschriften und Jahrgänge in welchen Bibliotheken vorhanden sind; keine Suche nach einzelnen Artikeln/Aufsätzen möglich; Zugriff: zdb-opac.de.

Auswahl Fachdatenbanken

BDSL	deutsche Sprach- und Literaturwissenschaft; frei zugänglich.
BELIT	Bioethik; frei zugänglich.
Fachportal Pädagogik	Pädagogik, Religion u.a.; frei zugänglich.
GENIOS	Wirtschaft, Kultur u.a.; frei zugänglich.
GetInfo	Naturwissenschaften, Technik; frei zugänglich.
PsychSpider	Psychologie; frei zugänglich aber z.T. mit Verweis auf lizenzierte Angebote.
Pubmed	Medizin; englischsprachige Meta-Datenbank; frei zugänglich.
sowiport	Sowi, Politik u.a.; frei zugänglich.
Sport-if	Sport; frei zugänglich.
UBA	Umweltthemen; frei zugänglich.
WISO	Wiwi, Sowi, Technik u.a.; lizenziert aber über viele Bibliotheken zugänglich.

Recherchetipps

Wenn Sie bei Ihrer Datenbankrecherche zu wenige oder zu viele passende Quellen finden, verändern Sie die Suchanfrage. Nutzen Sie z. B. die erweiterte Suche, andere Begriffe Ihrer Schlagwortliste oder folgende Recherchetipps:

- **Phrasensuche**: Sie suchen mehrere Wörter in genau dieser Reihenfolge (Wortgruppen) und grenzen die Ergebnisse damit weiter ein. Häufig umgesetzt durch Anführungszeichen („..."), z. B. „*American Dream*".
- **Trunkierungen**: Sie lassen die Endung eines Schlagwortes offen und vergrößern damit Ihre Suche. Häufig umgesetzt durch Sternchen (*) oder Fragezeichen (?), z. B. *Schul** sucht nach *Schule* und *Schulisch* aber auch nach *Schulgeschichte, Schulpädagogik* etc.
- **Maskierungen**: Ein einzelner Buchstabe in Ihrem Schlagwort wird durch einen Platzhalter ersetzt. Sie erhalten damit mehr Ergebnisse und können insbesondere verschiedene Schreibweisen eines Schlagwortes abdecken. Häufig umgesetzt durch Fragezeichen (?) oder Raute (#), z.B. *Tos?ana* sucht nach *Toskana* und *Toscana*, *Ma?er* sucht nach *Mayer, Maier* aber auch *Maler*.
- **UND-, ODER-, NICHT-Verknüpfungen mehrerer** Schlagwörter: Mehrere Schlagwörter werden bei der Suche miteinander verbunden; Bei UND-Verknüpfungen grenzen Sie die Ergebnisse weiter ein, indem nur Ergebnisse mit allen Schlagwörtern angezeigt werden. Bei ODER-Verknüpfungen verbreitern Sie die Suche, indem alle Ergebnisse mit nur einem der Schlagwörter gelistet werden. Bei NICHT-Verknüpfungen begrenzen Sie die Suche auf Ergebnisse, die ein bestimmtes Schlagwort enthalten, ein anderes aber gleichzeitig nicht.

Beachten Sie dabei, dass Datenbanken sich in ihrem Aufbau und ihrer Suchlogik unterscheiden können, und schauen Sie daher bei den für Sie interessanten Datenbanken in die Hilfe.

| KV C6 | **Hilfe: Erstellung einer Schlagwortliste** |

Die Beantwortung der folgenden Fragen hilft Ihnen, eine Schlagwortliste für Ihr Thema zu erstellen. Mithilfe dieser können Sie Ihre Literaturrecherche variieren.

Mein Thema lautet: _____

_____

Meine Fragestellung lautet: _____

_____

Welche Teilaspekte und Schwerpunkte sind dabei insbesondere zu berücksichtigen (schauen Sie ggf. in Ihre Arbeitsgliederung):

_____

_____

_____

_____

Markieren Sie in Ihren Nennungen oben nun die zentralen Begriffe und erstellen Sie ein Wortnetz (Thesaurus). Gehen Sie dabei folgendermaßen vor:

1. Füllen Sie in einem ersten Schritt die Tabelle auf der folgenden Seite aus. Nutzen Sie Ihr bereits erarbeitetes (Orientierungs-)Wissen zum Thema und greifen ggf. auf vorhandene Thesauri wie z. B. den Thesaurus aus Office-Programmen oder https://www.openthesaurus.de/ zurück.

2. Eventuell stoßen Sie bei der Sammlung auf neue zentrale Begriffe. Ergänzen Sie dann auch diese in der Tabelle.

3. Fertigen Sie aus dieser Tabelle eine Concept-Map (Seite 3) an. Legen Sie hierzu das Blatt quer. In einer Concept-Map werden die verschiedenen Schlagworte und deren Zusammenhänge grafisch dargestellt und damit neu geordnet und reflektiert.

Mithilfe dieser so entstehenden Schlagwortliste bzw. des Schlagwortnetzwerkes können Sie nun Ihre Recherche erweitern und vertiefen.

Thesaurus für meine Literaturrecherche: Übersichtstabelle

Zentraler Begriff:					
Synonyme, alternative Schreibweisen, Abkürzungen/ausgeschriebene Formen:					
Mögliche Oberbegriffe:					
Mögliche Unterbegriffe:					
Weitere assoziierte Begriffe:					

Thesaurus für meine Literaturrecherche: Concept Map

KV C7	**Hilfe: Recherche in Literaturdatenbanken am Beispiel von sowiport**

Das beispielhaft gewählte Thema, anhand dessen die Datenbankrecherche im Folgenden verdeutlicht wird, lautet „Demokratie in Deutschland. Wie direkt ist unsere Demokratie?". Hierzu soll exemplarisch die Literaturdatenbank „sowiport" genutzt werden. Gehen Sie hierzu auf die Internetseite http://sowiport.gesis.org/ und öffnen damit die Suchmaske der Datenbank.

1. Geben Sie die jeweiligen Begriffe in die Suchmaske ein und notieren Sie, wie viele Quellen gefunden werden:

Suchbegriff	Anzahl Treffer
Demokratie	
Direkte Demokratie	
Direkte Demokratie Deutschland	
„Direkte Demokratie Deutschland"	
„Direkte Demokratie"	
„Direkte Demokratie" Deutschland	

2. Schauen Sie sich die Suchmaske und Ergebnisliste genauer an und grenzen Sie Ihre Ergebnisse zur Suche „direkte Demokratie" weiter ein:

Eingrenzung: Wie viele ... finden Sie?	Anzahl Treffer
... Treffer mit dem Titel „Direkte Demokratie"	
... aktuelle Treffer (ab Erscheinungsjahr 2010)	
... Bücher und Zeitschriftenaufsätze	
... Volltexte	
... Treffer vom Autor Bruno Kaufmann?	
... Texte in englischer Sprache	

3. Neben diesen Eingrenzungsmöglichkeiten können Sie Ihre Suche auch durch die Nutzung sogenannter Suchoperatoren beeinflussen. Einen Operator haben Sie bei Aufgabe 1 schon genutzt: Die Anführungszeichen zur sogenannten Phrasensuche (= Suche nach genauen Wortgruppen). Schauen Sie sich jetzt bei *sowiport* die *„Hilfe zur erweiterten Suche"* an. Dort finden Sie mögliche *Suchoperatoren* für diese Datenbank.

a) Wie benutzen Sie sogenannte Platzhalter bei Ihrer Suche und wie wird Ihre Suche dadurch beeinflusst?

b) Was müssen Sie bei der Suche eingeben, wenn Sie Suchergebnisse erhalten möchten, in denen die Begriffe *direkte*, *Demokratie* und *Deutschland* maximal 5 Wörter auseinander stehen?

KV C8	Lösungshinweise

1. **Geben Sie die jeweiligen Begriffe in die Suchmaske ein und notieren Sie, wie viele Quellen gefunden werden**

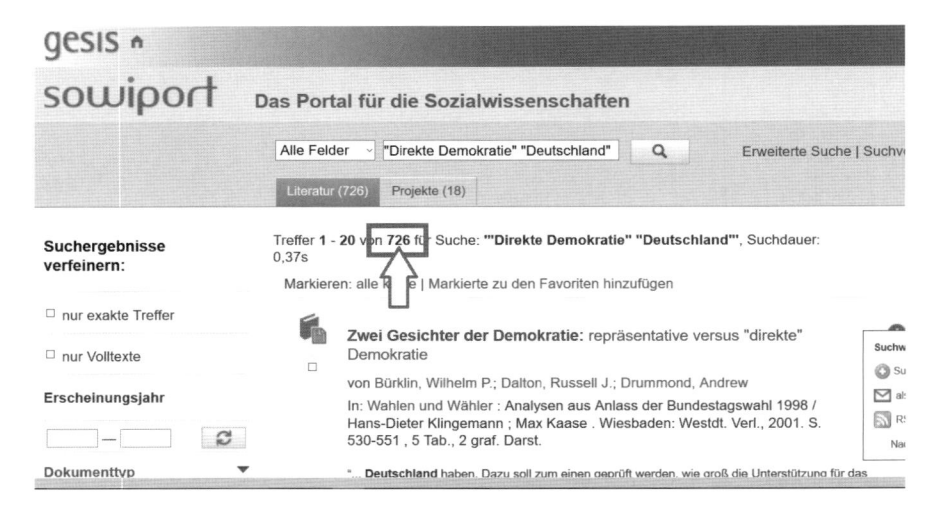

2. **Schauen Sie sich die Suchmaske und Ergebnisliste genauer an und grenzen Sie Ihre Ergebnisse zur Suche „direkte Demokratie" weiter ein:**

Um die Trefferliste zum Stichwort „Direkte Demokratie" nach den entsprechenden Kriterien weiter einzugrenzen, gibt es drei zentrale Möglichkeiten:

Möglichkeit A: Über die Auswahlmöglichkeiten am linken Bildschirmrand (erst bei der Ergebnisliste verfügbar):

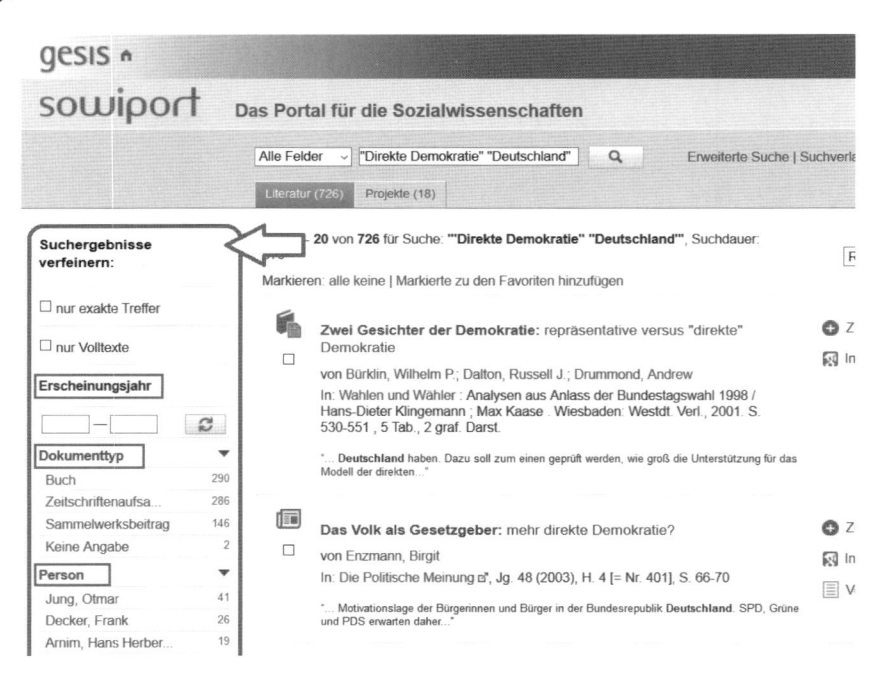

Hier können Sie durch Anklicken oder Eingaben die Suchergebnisse weiter filtern (z. B. nur Volltexte suchen, Erscheinungsjahr eingrenzen, Dokumententyp wie Buch oder Zeitschrift bestimmen, die Sprache festlegen oder unter ‚Person' den Autor auswählen.

Möglichkeit B: Über eine einfache Eingrenzung bereits in der normalen Suchmaske:

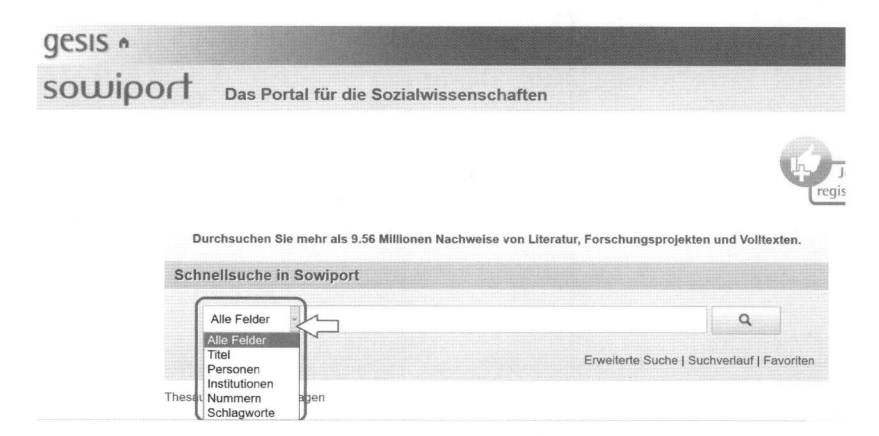

Hier können insbesondere die Suche nach Titel, Autor ('Person') oder Erscheinungsjahr eingrenzt werden.

Möglichkeit C: Über die „erweiterte Suche" bereits in der Suchmaske.

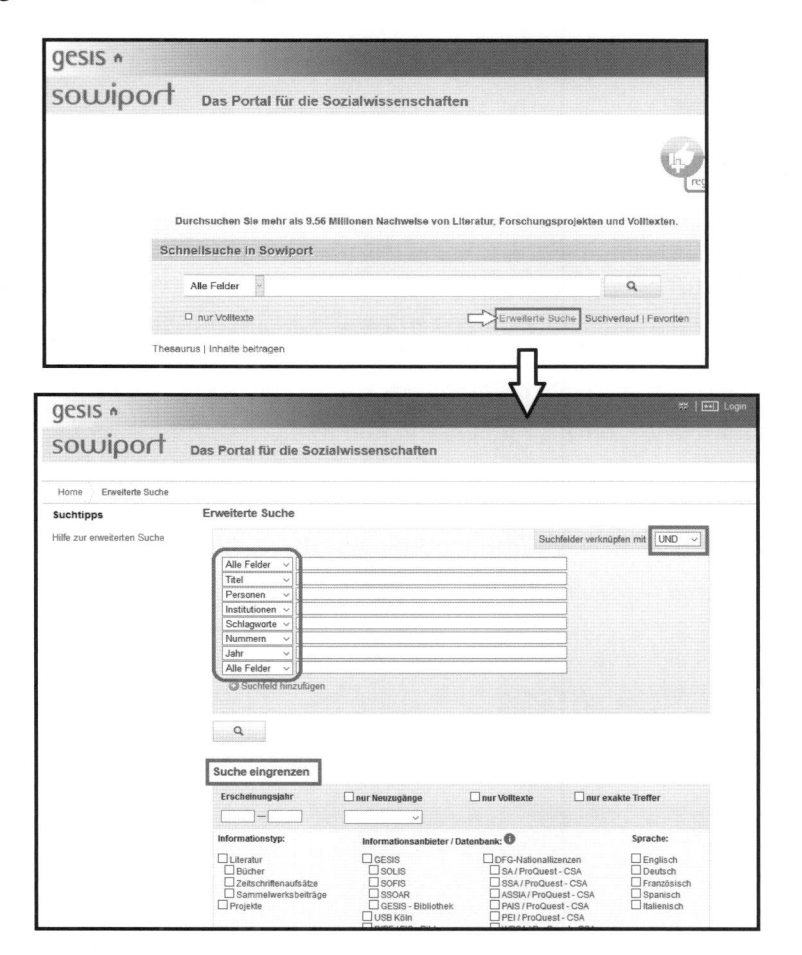

Hier haben Sie die meisten und flexibelsten Möglichkeiten, die Suche einzugrenzen. Insbesondere können Sie verschiedene Kriterien gleichzeitig festlegen. Sie können im oberen Bereich z. B. gleichzeitig ein Titelstichwort und einen bestimmten Autor suchen (achten Sie dabei darauf, dass die Suchfelder mit einem „UND" verknüpft sind, siehe rote Markierung oben rechts im Bild). Der untere Bereich ermöglicht Eingrenzungen z. B. des Erscheinungsjahres, der Quellenart ('Informationstyp') und der Sprache.

3. (….). Schauen Sie sich jetzt bei *sowiport* die „*Hilfe zur erweiterten Suche*" an. Dort finden Sie mögliche *Suchoperatoren* für diese Datenbank.

   Klicken Sie auf „erweiterte Suche" (siehe oben). Dann:

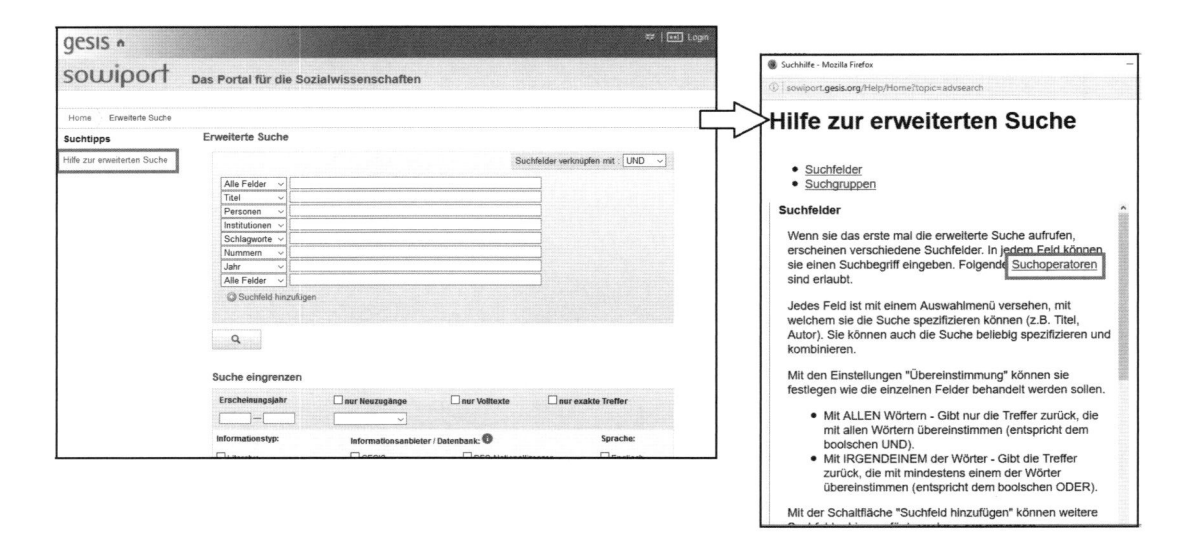

   a) **Wie benutzen Sie sogenannte *Platzhalter* bei Ihrer Suche? Wie wird Ihre Suche dadurch beeinflusst?**

   * *Platzhalter ersetzen einen oder mehrere Buchstaben in den Suchworten.*
   * *Bei sowiport kann dafür entweder ein Fragezeichen ? (für einen einzelnen Buchstaben) oder ein Sternchen * (für beliebig viele Buchstaben) genutzt werden.*
   * *Die Suche ergibt i.d.R. mehr Treffer. Es können so z. B. verschiedene Schreibweisen des Schlagwortes oder verschiedene Endungen und Wortzusammensetzungen berücksichtigt werden. Eventuell kann die Ergebnisliste dadurch aber auch zu umfassend und weniger spezifisch werden.*

   b) **Was müssen Sie bei der Suche eingeben, wenn Sie Suchergebnisse erhalten möchten, in denen die Begriffe *direkte*, *Demokratie* und *Deutschland* maximal 5 auseinander sind?**

   „Direkte Demokratie Deutschland"~5 (zu finden unter ‚Bereichssuche')

| KV C9 | **Hilfe: Praktische Tipps zur Quellensuche** |

- Fragen Sie Ihre betreuende Lehrperson nach Literaturhinweisen oder einem Grundlagenwerk zum Thema. Dies kann einen praktischen Ausgangspunkt für die weitere Recherche bieten (⇨ siehe Schneeballsystem).
- Versuchen Sie aus gemeinsamen Gesprächen mit Ihrem betreuenden Lehrer Schlagwörter/Stichworte/Fachbegriffe o.ä. für die Recherche zu filtern. (⇨ siehe Literaturdatenbanken)
- Behalten Sie den Überblick: Machen Sie sich Notizen zu den verschiedenen Quellen. Was haben Sie schon gesichtet, wo haben Sie nach welchen Schlagwörtern gesucht usw. So vermeiden Sie eine doppelte Suche und sparen damit Zeit.
- Notieren Sie sich auf allen Kopien bzw. in angelegten Dokumenten die relevanten Daten der einzelnen Quelle. Ansonsten müssen Sie hinterher rekonstruieren, das kostet wertvolle Zeit.
- Wenn Sie zu wenig Literatur finden: Schlagwortliste prüfen, Rechtschreibung prüfen, Trunkierungen/Maskierungen nutzen, in örtlichen Bibliotheken um Unterstützung bitten, Beratungslehrkraft ansprechen und fragen.
- Wenn Sie zu viel Literatur finden: Suche besser eingrenzen und auf bestimmte Aspekte beschränken, inhaltlich auf die Fragestellung besinnen, klare Unterbegriffe finden und diese anstelle der Oberbegriffe recherchieren.
- Prüfen Sie, für welche Gliederungspunkte Ihrer Facharbeit haben Sie schon viele Quellen vorliegen, für welche noch gar keine oder nur sehr wenige? Setzten Sie Prioritäten!
- Halten Sie sich immer wieder die Fragestellung Ihrer Facharbeit vor Augen. Die Quellenrecherche, -auswahl und -bearbeitung bietet viel Raum, vom eigentlichen Thema abzuschweifen und Ihren Zeit- und Arbeitsplan aus den Augen zu verlieren.

KV C10	**Checkliste: Quellenrecherche**

Ich habe mir einen konkreten Zeitplan mit den verschiedenen Arbeitsschritten zur Quellenrecherche und -auswertung erstellt.	☐

Ich habe Überblicksliteratur zum Thema gefunden.	☐

Diese habe ich im Hinblick auf weitere Verweise überprüft.	☐

Ich kenne die nächstgelegene Bibliothek und habe mich dort bzgl. Quellenrecherche und -beschaffung informiert.	☐

Ich habe präzise Schlagwörter zu meinem Hauptthema erarbeitet.	☐

Ich habe präzise Schlagwörter zu meinen einzelnen Gliederungspunkten erarbeitet.	☐

Ich habe fachspezifische Literatur zu den einzelnen Gliederungspunkten gefunden.	☐

4.4 Quellenbeurteilung und Quellenauswertung

Dieses Kapitel bietet Kopiervorlagen in Form von verschiedenen Informationstexten und weiterführenden Hilfen sowie eine abschließende Checkliste zur Quellenbeurteilung und Quellenauswertung. Diese können je nach Bedarf eingesetzt werden.

KV D1	Info: Beurteilung einer Quelle

Bei Ihrer Quellenrecherche stoßen Sie unter Umständen auf eine Vielzahl von Quellen. Um zu entscheiden, welche dieser Quellen Sie für Ihre Facharbeit nutzen können, sollten Sie diese möglichst zügig entsprechend beurteilen können. Relevant ist dabei die Beurteilung der Quelle sowohl nach wissenschaftlichen Kriterien als auch bezüglich ihrer inhaltlichen Passung.

Beurteilung einer Quelle im Hinblick auf ihre Wissenschaftlichkeit

Die Frage, ob Sie eine bestimmte Quelle für Ihre Facharbeit nutzen können, ist nicht immer einfach zu beantworten. Eine Beurteilung ist u.a. von Ihrer Fragestellung und dem methodischen Vorgehen in Ihrer Facharbeit sowie auch der Absprache mit dem Betreuungslehrer abhängig. Sie ist immer mit einem kritischen Abwägungsprozess verbunden, bei dem Ihnen aber einige Leitfragen helfen können (vgl. Balzer et al., 2008; Wytrzens et al., 2012; Sandberg, 2013; Oehlrich, 2015):

- Wer ist die Verfasserin/der Verfasser der Quelle? Welches Renommee bzw. welche Position hat sie/er (insbesondere in Bezug auf das Thema)? Gibt es weitere Veröffentlichungen, Vorträge usw. von ihr/ihm?
- Ist die Quelle öffentlich zugänglich und damit nachvollziehbar und überprüfbar?
- Ist innerhalb der Quelle ersichtlich bzw. nachvollziehbar, woher und von wem die einzelnen Informationen stammen (z. B. über Quellbelege, Zitate im Text, Verweise)?
- Ist ein Quellenverzeichnis bzw. eine Literaturliste vorhanden?
- Ist die sprachliche Darstellung sachlich, begründet, differenziert und kritisch und nicht subjektiv oder gar reißerisch?

Tipp: Nur weil eine bestimmte Quelle in einem Verlag veröffentlicht wurde, gilt sie nicht unbedingt als zitierwürdig. Neben Verlagen die insbesondere Unterhaltungsliteratur (statt Fachliteratur) veröffentlichen, gibt es auch zunehmend Verlage wie z. B. den GRIN-Verlag, die insbesondere Haus- und Seminararbeiten (und damit nicht weiter wissenschaftlich geprüfte Inhalte) veröffentlichen. Seien sie außerdem besonders kritisch, wenn Sie eine einseitig geprägte z. B. politische, kirchliche Philosophie oder Ausrichtung hinter der Quelle oder dem Verlag vermuten.

Internetquellen

Bezüglich der Beurteilung von Quellen nach wissenschaftlichen Kriterien ist ein besonderes Augenmerk auf die Nutzung von Internetquellen zu legen. Diese hat verschiedene Vor- und Nachteile. Eines der Hauptprobleme besteht in der einfachen Zugänglichkeit sowie Anonymität des Internets: Hier erhält jeder die Möglichkeit, ungeprüft und unreflektiert Inhalte fast jeglicher Art zu verbreiten. Bei der Beurteilung von Internetquellen hinsichtlich Ihrer Nutzbarkeit für Ihre Facharbeit ist daher eine besonders kritische Einzelfallprüfung angebracht. Bei dieser Einschätzung sollten Sie die oben genannten Leitfragen zur Beurteilung nach wissenschaftlichen Kriterien zugrunde legen. Im Speziellen seien folgende zusätzliche bzw. konkretisierte Hinweise gegeben:

- Ist der Verfasser der Seite bzw. der relevanten Informationen überhaupt benannt? Wer ist der Betreiber der Seite? Sind evtl. Kontaktdaten vorhanden?
- Wie ist die Ausrichtung und Intention der Seite einzuschätzen? Warum existiert diese Seite? Welches Ziel verfolgt sie? Geht es z. B. um sachliche Infor-

mationsvermittlung, um Meinungsbildung bzw. -beeinflussung, um Verkaufsinteressen oder Ähnliches?
- Welche Referenzen, Quellenangaben, Verweise, Links usw. sind vorhanden?
- Wie steht es um die Aktualität der Seite? Auch Internetseiten können veraltet sein.
- Ist ersichtlich ob, wie und von wem die dargestellten Informationen vor Veröffentlichung überprüft werden?

Zur Einschätzung können Ihnen oft Randbereiche der Internetseite (z. B. findet sich das letzte Aktualisierungsdatum häufig unten am Seitenende) sowie das Impressum helfen. Außerdem können Sie sowohl eine konkrete Internetquelle als auch die dort verfügbaren Informationen, den Verfasser, Betreiber oder Sponsor der Seite usw. durch weitere Quellen verifizieren. Aber Vorsicht: Nur weil Sie Informationen wiederholt im Internet finden, heißt das nicht zwingend, dass diese wissenschaftlich fundiert sind.

Tipp zum Umgang mit Lexika und Nachschlagewerken im Internet (z. B. Wikipedia):
Hilfreich aber nicht zitierwürdig: Lexika und Nachschlagewerke im Internet sind insbesondere am Anfang der Literaturrecherche interessant, damit Sie sich einen Überblick und Erstinformationen zu Ihrem Thema und auch verschiedenen Schwerpunkten verschaffen können. Sie können auch helfen Ihre Schlagwortliste zu erweitern oder zu konkretisieren sowie Quellenverweise für die weitere Recherche liefern. Für die eigentliche Erstellung Ihrer Facharbeit sind diese Quellen i.d.R. allerdings nicht zitierwürdig. Bei Wikipedia ist z. B. nicht ersichtlich, wer wann welche Informationen geschrieben, verändert oder geprüft hat; die Internetseite wissen.de enthält z. B. kaum Quellenbelege und Literaturverweise; Stangl-Taller besteht zu einem Großteil aus Sekundärliteratur, sodass hier die genannten Ursprungsquellen genutzt werde sollten.

Zur Beurteilung, ob die vorliegende Quelle auch inhaltlich passend für Ihre Facharbeit ist, müssen Sie sich möglichst zügig einen Überblick über die Quelle verschaffen. Schauen Sie sich dazu neben den Titeln und Untertiteln der Quellen insbesondere auch Inhaltsverzeichnisse, Vorworte, Einleitungen, Zusammenfassungen und Abstracts an. Auch Kapitelübergänge, Hervorhebungen im Text, zentrale Abbildungen und Tabellen können Ihnen bei der Einschätzung helfen. In analogen Quellen sollten sie ggf. einzelne Ausschnitte quer lesen, in digitalen Quellen können Sie Texte nach Schlagwörtern durchsuchen.

Inhaltliche Beurteilung von Quellen

Folgende Leitfragen sollten Sie bei dieser Durchsicht berücksichtigen:
- Wozu genau können Sie die Quelle inhaltlich nutzen? Zu welchem Gliederungspunkt Ihrer Facharbeit passen Titel, Untertitel, Kapitelüberschriften? Hilft die Quelle inhaltlich bei der Beantwortung der konkreten Fragestellung Ihrer Facharbeit?
- Ist der Umfang der Quelle zur weiteren Bearbeitung geeignet? Ist vielleicht nur ein bestimmtes Kapitel oder ein bestimmter Abschnitt passend?
- Passt der in der Quelle behandelte Zeitraum bzw. das Erscheinungsjahr zu Ihrer Facharbeit?
- Bearbeitet die Quelle einen Aspekt Ihrer Facharbeit in der notwendigen Tiefe? Oder ist sie vielleicht zu allgemein oder zu fachspezifisch?

Tipps zur Quellenauswahl:
Ist der Text verständlich geschrieben? Bin ich mit meinem Wissen und Verständnis in der Lage dazu, die vorliegende Quelle auszuwerten? (Gilt sowohl für deutsche als auch für fremdsprachige Texte).
Habe ich Zugang zu der Quelle? Bin ich in der Lage, diese rechtzeitig zu beschaffen?
Gibt es ggf. hilfreiche Rezensionen zu einer Quelle?

| KV D2 | Hilfe: Beurteilung einer Quelle nach Quellenart |

Die folgende Tabelle gibt Ihnen einen Überblick über verschiedene Arten von Quellen, typische Kennzeichen und Hinweise zu ihrer Beurteilung im Hinblick auf die Nutzbarkeit für Facharbeiten.

Quellenart	Typische Kennzeichen (i.d.R.)	Hinweise zur Nutzbarkeit für Facharbeiten
Schulbücher	– Grober Überblick über Inhalte. – Reduzierte oder exemplarische Darstellung. – Häufig ohne die aktuellsten Erkenntnisse und aktuelle Diskurse, stattdessen „altbewährte" und „gesicherte" Inhalte. – Quellenbelege, Verweise und Quellenverzeichnis (mit Ausnahme von Bildquellen) fehlen häufig.	Nach wissenschaftlichen Kriterien weniger geeignet. Nutzbar um zu Beginn der Facharbeit das Thema einzuordnen und sich einen inhaltlichen Überblick zu verschaffen.
Lehrbücher, Handbücher	– Guter Überblick über Inhalte. – Ausarbeitung verschiedener Teilaspekte und Schwerpunkte. – Häufig ohne die aktuellste Erkenntnisse und aktuelle Diskurse, stattdessen „altbewährte" und „gesicherte" Inhalte. – Quellenbelege oder Verweise erfolgen; Quellenverzeichnis ist vorhanden.	Für Facharbeiten nutzbar, für weiterführende wissenschaftliche Arbeiten bedingt. Guter Ausgangspunkt zur weiteren Recherche.
Wissenschaftliche Fachbücher	– Fachlich fundiert und geprüft. – Häufig tiefgehender, komplexer, spezifischer und differenzierter als Überblickswerke. – I.d.R. detaillierte Quellenbelege, Verweise und Quellenverzeichnis vorhanden.	Nach wissenschaftlichen Kriterien beurteilt sehr gut nutzbar. Allerdings ist manchmal fundiertes Vorwissen zum Verständnis notwendig.
Sachbücher, Ratgeber	– Richten sich an ein breites Publikum ohne fachliches Grundwissen. – Meist vereinfachte und wenig differenzierte sowie wenig kritische Darstellung. – Meist keine Quellenbelege und häufig kein Quellenverzeichnis.	Nach wissenschaftlichen Kriterien beurteilt eher ungeeignet. Nutzbar evtl. zur ersten Information oder um mögliche Schwerpunkte und Schlagwörter zu filtern; nutzbar wenn die Bücher selbst Gegenstand der Facharbeit sind.
Wissenschaftliche Fachzeitschriften; wissenschaftliche Fachartikel	– Meist sehr spezifische Fach- und Einzelinformationen von Relevanz und Aktualität; z.T. Darstellung neuer Erkenntnisse. – Qualitätssicherung durch Peer-Review (Begutachtung durch andere Fachautoren) und vorhandene Quellenbelege. – Verweise sowie Quellenverzeichnis gehören zum Standard.	Nach wissenschaftlichen Kriterien beurteilt sehr gut nutzbar. Allerdings ist i.d.R. fundiertes Vorwissen zum Verständnis und zur Einordnung notwendig (sowohl inhaltlich als auch methodisch).
Fachspezifische Publikumszeitschriften (z.B. Geo, Spektrum der Wissenschaft)	– Für die Allgemeinheit aufbereitete und gut verständliche aber auch häufig vereinfachte und kaufwirksame Darstellung von Fachinformationen. – I.d.R. sorgfältig recherchiert. – Weiterführende Quellen sind häufig, aber nicht unbedingt vollständig benannt.	I.d.R. für Facharbeiten nutzbar, sofern kritisch betrachtet und reflektiert.

Seriöse Publikumszeitschriften/-zeitungen (z.B. die Zeit, die Welt, Der Spiegel)	– Für die Allgemeinheit aufbereitete und verständliche, aber auch häufig vereinfachte Darstellung von Informationen. – Darstellung tagesaktueller Presse z. B. aktuelle politische und wirtschaftliche Entwicklungen etc. – Häufig liegt eine (leichte) politische Ausrichtung vor. – Quellenbelege und Verweise stellenweise vorhanden, Quellenverzeichnis unüblich.	Sehr vom Thema der Facharbeit abhängig. Wenn dann kritisch betrachtet und reflektierter Einsatz, insbes. Prüfung der politischen Ausrichtung & Intention. Nach wissenschaftlichen Kriterien beurteilt eher weniger geeignet, außer sie sind selbst Gegenstand der Facharbeit.
Boulevardzeitungen	– Medien- und verkaufswirksame Inhalte für die Allgemeinheit. – Sprachlich meist reißerisch. – I.d.R. keine oder wenige Fachinformationen. – Meist keine fachliche Qualitätskontrolle, keine Quellenbelege oder Quellenverzeichnis vorhanden.	Nutzbar für die Facharbeit ausschließlich, wenn selbst Gegenstand der Facharbeit.
Seminararbeiten, Hausarbeiten, Abschlussarbeiten	– Ungeprüfte Darstellung von Fachinformationen ohne fachliches Renommee des Verfassers. – Manchmal Quellenbelege und Quellenverzeichnis vorhanden, i.d.R. aber ungeprüft. – Öffentliche Zugänglichkeit nicht immer gegeben.	Nach wissenschaftlichen Kriterien beurteilt ungeeignet. Nutzbar insbesondere als möglicher Ausgangspunkt zur weiteren Quellenrecherche.
Lexika, Nachschlagewerke im Internet (z.B. Wikipedia)	– Guter Überblick mit aktuellen und z.T. umfassenden Informationen. – Häufig Autor bzw. inhaltlich Verantwortlicher unklar. – Quellenbelege und Literaturverweise sind nicht immer gegeben.	Ohne klaren Autor und Quellenbelege nach wissenschaftlichen Kriterien nicht nutzbar (nicht zitierwürdig für Facharbeiten). Hilfreich um Überblick und Orientierung zu erhalten.
Internetseiten von Hochschulen, Universitäten, Instituten; Seminarmanuskripte oder Webseiten von Wissenschaftlern	– Meist ungeprüfte Darstellung von Fachinformationen; bürgen mit „Namen" (Renommee, Position) für Qualität. – Quellenbelege, Verweise und Quellenverzeichnis manchmal vorhanden. – Häufig aufbereitet für Außenstehende, Studenten etc. – Manchmal noch unveröffentlichte, aktuelle Erkenntnisse.	Nach wissenschaftlichen Kriterien beurteilt eher ungeeignet; Besser nach veröffentlichter Literatur der Personen zum Thema suchen, ggf. anschreiben & nachfragen.
Blogs, Foren	– I.d.R. nicht geprüfte Informationen. – Keine oder ungeprüfte Quellenbelege und Verweise. – Keine Sicherstellung der Identität oder fachlichen Qualifikation der Verfasser ...	Nutzbar nur wenn selbst Gegenstand der Facharbeit; Ggf. als Ideengeber nutzbar.
E-Books & pdf-Dateien	Möglichst Zuordnung zu einer der obigen Quellenarten.	
Sonstige Internetseiten	Einzelfallentscheidung: Kritische Prüfung und Auswahl anhand der genannten Leitfragen.	
Forschungsberichte und Statistiken	Immer kritisch prüfen, mit welchem Hintergrund diese entstanden sind (z. B. Intention der Studie, Sponsoren, politisch oder ideologisch geprägte Auftraggeber usw.) und ob das methodische Vorgehen sowie die Auswertung entsprechend sauber und sachlich ist.	

| KV D3 | Hilfe: Inhaltliche Beurteilung – Relevanz einer Quelle prüfen |

Das folgende Raster hilft Ihnen dabei, eine Quelle wie z.B. ein Buch oder einen Zeitschriftenartikel in Bezug auf seine inhaltliche Passung für Ihre Facharbeit zu prüfen.

1. **Autor, Titel, Untertitel, Erscheinungsjahr prüfen**

Autor: _____

Was weiß ich über den Autor (z.B. Arbeitsschwerpunkte, Auffassung, andere bekannte Titel von ihm, Einschätzung anderer Kollegen im Fachgebiet …)?

_____
_____
_____

Titel, Untertitel: _____

Was sagt mir der Titel/Untertitel? Welchen Bezug hat er zu meinem Thema?

_____
_____
_____

Wie wird das behandelte Thema beschrieben, erweitert, eingegrenzt, korrigiert bzw. präzisiert?

_____
_____
_____

Erscheinungsjahr:_____

Was sagt mir das Erscheinungsjahr in Bezug auf mein Thema?

_____
_____
_____

2. Inhaltsverzeichnis lesen, Überschriften und Unterkapitel genauer prüfen

Ist das Inhaltsverzeichnis übersichtlich und logisch gegliedert? Wo liegen die Schwerpunkte? Welche Themen, Schwerpunkte und Fragen werden behandelt, die für mein Thema relevant sind?

_____

_____

Verlag: _____

Ist er auf bestimmte Fachgebiete spezialisiert? Welche Qualität, welches Niveau haben die Veröffentlichungen? Gehört das Buch zu einer Reihe?

_____

interessant für meine Facharbeit (fachlich/thematisch) ↓

uninteressant **Abbrechen**

3. Text genauer überarbeiten

Vorwort/Einleitung sowie Zusammenfassung(en), Fazit etc. lesen. Textabschnitte/Kapitel anlesen.

Notizen hierzu in Bezug auf meine Arbeit: _____

_____

_____

Weiter weg von der Fragestellung — **evtl. später**

Passt zur konkreten Fragestellung meiner Facharbeit ↓

Viel zu weit weg von meiner Fragestellung — **Abbrechen**

Einzelne Kapitel sind interessant ↓

(Fast) alles/vieles ist interessant ↓

unergiebig — **Abbrechen**

Abschnitte kopieren (bibliografische Angaben notieren!)

Buch beschaffen (ausleihen/ herunterladen/ kaufen…)

| KV D4 | **Info: Exzerpieren – Eine Methode zur Quellenauswertung** |

Sie haben durch Literaturrecherche und -auswahl einige für Ihre Facharbeit relevante Quellen ermittelt. Eine Möglichkeit, die entsprechenden Informationen aus den Quellen herauszuarbeiten, ist das sogenannte Exzerpieren (vgl. Schäfer & Heinrich, 2010; Stickel-Wolf & Wolf, 2011; Rost 2012). Der Begriff „Exzerpt" stammt vom lateinischen Wort „excerptum" ab und bedeutet Extrakt oder Auszug. Durch das Exzerpieren (lat. excerpere = herauspflücken, auslesen) wird ein Auszug erstellt, in dem die wichtigsten Aussagen und Thesen einer Quelle kurz und übersichtlich notiert werden. Ein Exzerpt gilt dann als gelungen, wenn Sie die notierten Angaben auch zu einem späteren Zeitpunkt ohne Originalquelle verstehen und im Schreibprozess für Ihre Facharbeit nutzen können.

Was ist ein Exzerpt?

Exzerpieren ist eine besonders nachhaltige Methode, Quellen – insbesondere Textquellen – zu bearbeiten und die zentralen Informationen für die Weiterarbeit nutzbar zu machen. Die folgenden vier Gründe sprechen für diese Methode (vgl. Stickel-Wolf & Wolf, 2011; Rost 2012):

Wozu dient ein Exzerpt?

- Exzerpieren führt zu einer *inhaltlichen Auseinandersetzung* mit einem Thema. Insbesondere die Wiedergabe mit eigenen Worten hilft, *Texte zu verstehen* und das *Textverständnis zu überprüfen* („Verstehe ich, was ich lese?").
- Exzerpieren hilft, das Gelesene mit vorhandenem *eigenem Wissen zu verknüpfen*. Hierdurch können Sie die *Inhalte besser behalten und abrufen*.
- Exzerpte *fixieren* und *sichern Informationen auch* für die Zukunft. Sie stehen Ihnen daher auch für weitere Arbeiten zur Verfügung.
- Exzerpte und ihre kritische Reflexion sind die *Grundlage für Ihren eigenen Text*.

Halten Sie Exzerpte jeweils nach einem vorher festgelegten einheitlichen Aufbau fest. Für jedes Exzerpt werden das Thema, die relevanten Aussagen und eigene Kommentare sowie die bibliografischen Daten (Autor, Titel, Auflage, Erscheinungsjahr, Erscheinungsort sowie Kapitel/Unterkapitel, jeweiliger Absatz, Seite) und Fundstelle (z. B. Bibliothek, Signatur, URL-Adresse, etc.) festgehalten.

Wie ist ein Exzerpt aufgebaut?

Etwaige Interpretationen, Fragen oder kritische Anmerkungen können Sie in einem weiteren Schritt in die einzelnen Paraphrasen einarbeiten, sodass die sogenannte „kritische Paraphrase" (kritische Reflexion/Kommentare) entsteht.

Ziel des Exzerpierens ist es, mögliche Antworten zur Frage aus dem Text herauszuarbeiten. Bevor Sie mit der Auswertung des Quellenmaterials beginnen, ist es deshalb wichtig eine konkrete Frage zu formulieren, unter der Sie den Text auswerten wollen. Dies kann eine spezifische oder aber eine allgemeine Frage sein.

Wie kann ich ein Exzerpt erstellen?

Bei der spezifischen Fragestellung legen Sie ganz konkrete Fragen fest. Dabei ist der Zusammenhang zum Grundtext stets zu berücksichtigen.

Das Exzerpieren unter einer allgemeinen Fragestellung bedeutet, dass die Exzerpte Antwort auf die Frage „Was wird in dem Text grundsätzlich ausgesagt?" geben. Es empfiehlt sich hierbei stark formalisiert, d.h. bei jeder Quelle in der gleichen Reihenfolge vorzugehen. Halten Sie pro Abschnitt fest, was das Thema des Absatzes ist.

KV D5	Hilfe: Schrittweises Vorgehen zur Erstellung eines Exzerptes

Bei der Erstellung von Exzerpten empfiehlt sich ein schrittweises Vorgehen (vgl. Stickel-Wolf & Wolf, 2011; Rost, 2012):

1. *Überblick über die Quelle verschaffen.*
   Worum geht es? Was wird inhaltlich über das Thema ausgesagt?
2. Text lesen und in Abschnitte teilen.
3. *Themen der Abschnitte bzw. Antworten auf die Fragestellungen herausarbeiten.*
   Was ist das Thema? Was wird hierüber ausgesagt? Welche Antworten werden auf meine Fragestellung gegeben?
   Die relevanten Aussagen können durch Übernahme von direkten Zitaten oder durch indirekte Zitate/Paraphrasen notiert werden.

> *Tipp:*
> *Die wörtliche Übernahme von Informationen eignet sich insbesondere dann,*
> *... wenn es genau auf den Wortlaut der Aussage ankommt,*
> *... wenn eine besonders prägnante Aussage notiert werden soll*
> *oder*
> *Das Erstellen von Paraphrasen/indirekten Zitaten eignet sich insbesondere,*
> *... wenn längere Texte zusammengefasst werden sollen oder*
> *... wenn der genaue Wortlaut unwichtig ist.*

Wichtig ist genau zu kennzeichnen, ob es sich um ein direktes oder indirektes Zitat handelt. Notieren Sie jeweils ganze Sätze. Bei der Erstellung von indirekten Zitaten/Paraphrasen sollten Sie außerdem darauf achten, den Originaltext frei von eigenen Interpretationen wiederzugeben, damit die Aussagen und der Zusammenhang zum Thema auch mit zeitlichem Abstand noch nachvollziehbar sind.

4. *Textaussagen kritisch reflektieren und kommentieren.*
   Es kann für Sie zunächst eine große Herausforderung sein, eine kritische Position zum Gelesenen zu entwickeln. Dabei können einige der folgenden Fragen weiterhelfen:
   - Wie kann der Sachverhalt mit meinem eigenen Vorwissen/Alltagswissen erklärt werden?
   - Welchen Erkenntnisgewinn bringt die sachliche (wissenschaftliche) Betrachtungsweise?
   - Ist der dargestellte Standpunkt plausibel? Welche Zweifel gibt es?
   - Sind die Kernaussagen der dargestellten Theorie oder Positionen in sich stimmig? Wo ergeben sich Widersprüche oder Fragen?
   - Welche Kriterien/Werte/Interessen liegen dieser Position zugrunde? Welche Folgen hat die vorgeschlagene Maßnahme für alle (auch die nicht genannten) Beteiligten? Welche ethischen Bedenken gibt es?
   - Werden Wissenslücken, eine zu einseitige Betrachtungsweise oder Forschungsmängel zum Thema diskutiert?
   - Ist eine Methode oder eine Verfahrensweise wirksam, begründet, akzeptabel?
   - Welche Argumente fallen mir für die Gegenposition ein?

Tipp: Folgende Formulierungen können u. a. hilfreich sein, um ihre eigene kritische Position zur Quelle sprachlich darzustellen:
Der Autor stellt ohne Begründung die These auf, dass …
Die Autoren behaupten pauschalisierend, dass für alle …
Merkwürdigerweise findet die Tatsache keine Berücksichtigung …

| KV D6 | **Hilfe: Exzerpieren konkret** |

Wählen Sie die Quelle bzw. den Quellenabschnitt aus, den Sie exzerpieren wollen. Füllen Sie die unten stehenden Fragen der Reihe nach aus und erstellen Sie dadurch ein Exzerpt.

Mein **Thema** lautet:

_____
_____
_____

Der ausgewählte Quellenabschnitt bezieht sich auf folgenden **Gliederungspunkt/Schwerpunkt**:

_____
_____
_____

Die **relevanten Hauptbegriffe/Schlagwörter** hierzu sind:

_____
_____
_____

Das Exzerpt:
Wie lauten die vollständigen **Quellenangabe** (Autor, Titel, Untertitel, Erscheinungsjahr und -ort, Auflage, Seitenzahl …)?

_____
_____
_____

Genaue **Fragestellung** (bzw. Fokus), unter der der Text ausgewertet werden soll:

_____
_____
_____

Lesen Sie den Text(abschnitt) nun unter dieser Fragestellung bzw. unter diesem Fokus. Gibt es ein prägnantes **wörtliches Zitat, das sie evtl. später verwenden könnten?**

_____
_____
_____
_____
_____
_____

Paraphrasieren Sie die wesentlichen Textaussagen (d. h. lösen Sie sich vom Wortlaut des Textes und geben Sie das Zitat in eigenen Worten wieder; hierzu können bereits die zuvor gewählten Schlagwörter/Hauptbegriffe eine Hilfe sein):

_____
_____
_____
_____
_____
_____

Lassen Sie Ihr weiteres Wissen einfließen und setzten Sie die Paraphrase mit weiterführenden Ideen und Aussagen in Verbindungen. Kommentieren Sie die Paraphrase und entwickeln Sie hierdurch eine **kritische Paraphrase bzw. Reflexion:**

_____
_____
_____
_____
_____
_____
_____

KV D7	Hilfe: Beispielaufbau Exzerpte

Exzerpt	Datum:
Quelle: *Rost, Friedrich (2012). Lern- und Arbeitstechniken für das Studium (7. überarb. u. aktual. Aufl.). Wiesbaden: Springer Verlag für Sozialwissenschaften.*	**Standort** (Bibliothek/zu Hause etc.): *Bibliothek Hochschule Niederrhein* **Signatur:** *Aem Rost*
Thema/Fragestellung: *Was bedeutet „zitieren" und welche Regeln sind zu beachten?*	

Schlag- wörter	Inhalt/Zusammenfassung	Seite	Kritische Reflexion/ Kommentar
Zitatarten	*Grundsätzlich wird zwischen zwei Arten von Zitaten unterschieden: indirektes und direktes Zitat;* *Indirekt = unverfälschte sinngemäße Wiedergabe (auch Paraphrase genannt)* *Direkt = wortwörtliche Übernahme*	270	
Allgemeine Regel	*Für beide gilt: Sie müssen mit Seitenzahl aus dem Primärdokument belegt werden.* *….*		WICHTIGE FORMALIA

In Anlehnung an: Stickel-Wolf & Wolf (2011).

Thema **Fragestellung**	*Zitieren in wissenschaftlichen Texten* *Was bedeutet „zitieren" und welche Regeln sind zu beachten?*
Bibliografische Angaben	*Rost, Friedrich (2012). Lern- und Arbeitstechniken für das Studium (7. überarb. u. aktual. Aufl.). Wiesbaden: Springer Verlag für Sozialwissenschaften.*
Standort **Signatur**	*Bibliothek Hochschule Niederrhein* *Aem Rost*
Anmerkungen	*Empfehlenswert; ausführlich und übersichtlich; mehr als Pflichtangaben*

Seite	Thema/ Schlagwort	Aussagen	Notizen
270	*Zitatarten*	*Grundsätzlich wird zwischen zwei Arten von Zitaten unterschieden: indirektes und direktes Zitat;* *Indirekt = unverfälschte sinngemäße Wiedergabe (auch Paraphrase genannt)*	
	Allgemeine Regeln *…*	*Direkt = wortwörtliche Übernahme* *Für beide gilt: Sie müssen mit Seitenzahl aus dem Primärdokument belegt werden.* *….*	*WICHTIGE FORMALIA*

KV D8	Info: Wie können Exzerpte verwaltet werden?

Wenn Sie eine größere Zahl von Quellen z. B. mit Hilfe von Exzerpten ausgewertet und dokumentiert haben, ist eine systematische Form der Quellenverwaltung empfehlenswert. Ziel ist es, schnell an die abgelegte, spezifische Information zu gelangen. Neben den bibliografischen Angaben und den Auszügen aus den Inhalten basieren die Systeme auf einer Verknüpfung mit Schlagwörtern und deren Gliederung. Im Folgenden wird Ihnen eine Auswahl von Verwaltungssystemen vorgestellt. Beachten Sie, dass es noch weitere Verwaltungssysteme gibt, die Sie verwenden können. Selbstverständlich ist es auch möglich, ein eigenes System zu entwickeln.

Auswahl von Verwaltungssystemen:

- Abheften der erstellten Exzerpte in einem Hefter/Ordner. Gliederung/Unterteilung mit Trennblättern.

- Erstellen von Excel- oder Wordtabellen mit entsprechenden Gliederungspunkten.

- Zettelkasten (nach Niklas Luhmann)
  Vorgehen: Jede einzelne Information wird mit Angaben der bibliografischen Daten und eines Schlagwortes auf einen Zettel (z. B. Karteikarte) notiert. Die einzelnen Zettel werden dann thematisch sortiert. Hierüber ist ein Vernetzen mit anderen Zetteln, die thematisch ähnliche Informationen beinhalten, möglich.
  Daniel Luedecke hat die Idee Luhmanns aufgegriffen und eine elektronische Version des Zettelkastens entwickelt. Sie ist kostenlos abrufbar unter http://zettelkasten.danielluedecke.de/.

- PC-gestützte Verwaltungssysteme
  Mittlerweile gibt es auch unterschiedliche elektronische Verwaltungssysteme, mit denen Sie Quellen sammeln, verwalten und zitieren können. Durch die automatische Extraktion der bibliografischen Angaben aus Bibliothekskatalogen wird das Zitieren und Erstellen von Quellenverweisen vereinfacht.
  Beispiele:
  Zotero: https://www.zotero.org/
  Citavi: https://www.citavi.com/de/

| KV D9 | **Checkliste: Quellenbeurteilung und -auswertung** |

Ich habe auf allen Ausdrucken, Kopien … die bibliografischen Angaben (Autor, Titel, Auflage, Erscheinungsjahr und -ort, ggf. Seitenzahl) notiert.	☐
Die Quelle habe ich anhand der Leitfragen zur wissenschaftlichen und inhaltlichen Beurteilung überprüft und ausgewählt.	☐
Ich habe ein System zum Verwalten meiner Quellen angelegt.	☐
Ich habe die ausgewählten Texte exzerpiert.	☐
Ich habe auf allen ausgewählten Quellen und erstellten Exzerpten die bibliografischen Angaben (Autor, Titel, Auflage, Erscheinungsjahr und -ort, Kapitel, Unterkapitel, Absatz und Seite) notiert.	☐
Ich habe wesentliche Aussagen in eigenen Worten notiert (paraphrasiert) und so formuliert, dass ich meine Notizen auch später noch verstehen kann.	☐
Ich habe einen Gesprächstermin mit meinem Betreuungslehrer vereinbart, um das Thema Quellenrecherche und -auswahl zu besprechen.	☐

4.5 Zitieren und Literaturverzeichnis

In diesem Kapitel werden Kopiervorlagen in Form von verschiedenen Informationstexten und weiterführenden Hilfen sowie eine abschließende Checkliste zum Zitieren und zu der Erstellung des Literaturverzeichnisses zur Verfügung gestellt. Diese können je nach Bedarf eingesetzt werden.

KV E1	**Info: Warum zitieren?**

Facharbeiten sind an Standards des wissenschaftlichen Arbeitens angelehnt. Für diese gibt es u.a. die folgenden Grundregeln:
- Es soll nichts behauptet werden, wofür es keine konkreten Hinweise oder Belege gibt (vgl. Jansen, 2013).
- Die Herkunft des dargestellten Wissens muss so dokumentiert sein, dass es unbeteiligten Dritten zu jeder Zeit möglich ist, dieses Wissen nachzuvollziehen, kritisch zu prüfen und zu gleichen oder aber auch anderen Schlüssen zu kommen.

Was heißt Zitieren?

„Zu den wichtigsten Formalia Ihrer Facharbeit gehört daher der wissenschaftliche Umgang mit Quellen, vor allem: das richtige Zitieren und der dazugehörige Quellenbeleg [...]" (Rost, 2012, S. 209). Zitieren bedeutet die Wahrung der Urheberrechte durch das Kenntlichmachen bzw. Ausweisen von wörtlichen (d.h. direkten) oder sinngemäßen (d.h. indirekten) Übernahmen von z.B. Textstellen, Argumentationsgängen, Abbildungen oder empirischen Untersuchungsergebnissen aus Quellen. Das können u.a. Bücher, Zeitschriftenartikel, Internetseiten, aber auch andere Medien wie Filme, Musik oder Bilder sein. Durch den Quellenbeleg wird die Herkunft des Wissens transparent und überprüfbar. Gerade bei Facharbeiten ohne praktischen Anteil entsteht bei Schülerinnen und Schülern häufig der Eindruck, dass sie keine intellektuelle Eigenleistung erbringen, wenn sie in ihrer Facharbeit an sämtlichen Stellen andere Autoren direkt oder indirekt zitieren.

Zitieren und Eigenleistung

Das Gegenteil ist jedoch der Fall. Ihre Eigenleistung besteht darin,
- Ihre spezifische Fragestellung innerhalb des aktuellen fachlichen Diskurses zu bearbeiten,
- relevante und zuverlässige Quellen zu recherchieren, zu selektieren und zu exzerpieren,
- die einzelnen Inhalte in einen fachlichen Gesamtzusammenhang einzuordnen und
- diese Inhalte unter Berücksichtigung formaler und sprachlicher Grundlagen innerhalb der vorgegebener Rahmenbedingungen (Bearbeitungszeit, Seitenzahl ...) nachvollziehbar zusammenzuführen.

Wissenschaftswissen

Durch sinnvolles und gut begründetes Verknüpfen von übernommenem Wissen und durch richtiges Zitieren und Belegen der Quellen entsteht nachvollziehbares und sachlich begründetes Wissen – sogenanntes Wissenschaftswissen. Ihre Facharbeit ist damit also keine einfache Aneinanderreihung von Zitaten, sondern bezieht Ihre eigenen Überlegungen, Schlussfolgerungen und Interpretationen mit ein.

> **Merke:** Jede Behauptung, die Sie in einer Facharbeit aufstellen, ist durch Zitate zu belegen. Alle Aussagen oder Gedankengänge, die Sie direkt oder indirekt von anderen Autoren übernehmen, sind als Zitate kenntlich zu machen und durch vollständige Quellenbelege auszuweisen. Verstöße gegen diese Grundregeln wissenschaftlichen Arbeitens (Stichwort: Plagiat) können dazu führen, dass die gesamte Facharbeit als nicht ausreichend bewertet wird.

| KV E2 | Info: Wie zitiere ich richtig? |

Die Frage „Wie zitiere ich richtig?" umfasst zwei Aspekte:
1. Wann und in welchem Maße sollten direkte oder indirekte Zitate verwendet werden?
2. Wie bzw. in welcher Form werden Zitate richtig kenntlich gemacht?

Die erste Frage beantwortet Kornmeier (2009, S. 264) wie folgt:

> „Zitate […] sind nur dann zweckmäßig, wenn man seine eigenen Überlegungen bzw. Argumentationslinie(n) damit unterstützt (oder ggf. bewusst schwächt/widerlegt). Zitate – gleichgültig, ob wörtlich oder sinngemäß – müssen deshalb in den Text integriert („eingearbeitet") und kommentiert werden. Neben der Stringenz der Argumentation ist entscheidend, dass die zitierten (fremden) Gedanken den eigenen Schreibstil nicht unterbrechen. Schon allein aus diesem Grund sollte man wörtliche Zitate äußerst selten […] verwenden. Im Übrigen versteht es sich von selbst, dass der Sinn eines (wörtlichen oder sinngemäßen) Zitats nicht dadurch verändert werden darf, dass man es aus dem ursprünglichen Zusammenhang reißt."

Direkte Zitate Direkte (= wörtliche) Zitate sind Textpassagen, die Sie unverändert, d.h. original- und buchstabengetreu, in Ihren Text aufnehmen. Diese sind durch Anführungszeichen kenntlich zu machen und durch einen Quellenbeleg direkt hinter den Ausführungszeichen zu ergänzen. Folgende Besonderheiten sind zu berücksichtigen (vgl. Schäfer & Heinrich, 2010):

- Alle Veränderungen im wörtlichen Zitat sind durch runde „()"oder eckige „[]" Klammern kenntlich zu machen.
- Hinweise und Anmerkungen können in den Originaltext eingefügt werden. Das Eingefügte wird dann in die eckige Klammer gesetzt [Hinzugefügtes, Anmerkung des Verfassers].

> *Beispiel: „Es [das Zitat, Anm. d. Verf.] sollte unmittelbar sein. Wenn es möglich ist, sollte jeweils die Quelle herangezogen und nicht das Zitat nach einem anderen Verfasser wiedergegeben werden." (Fromm & Paschelke, 2006, S. 91)*

- Ein oder mehrere Wörter können ausgelassen werden. Die Auslassungen werden durch […] gekennzeichnet.

Dies ist häufig dann notwendig, wenn Sie das wörtliche Zitat so in Ihren eigenen Text einbauen, dass die Syntax im Zitat verändert werden würde.

> *Beispiel: Nach Schäfer und Heinrich müssen „[…] Sie beim Exzerpieren und beim anschließenden Zitieren darauf [achten], dass sich beim Abschreiben keine Fehler einschleichen" (Schäfer & Heinrich, 2010, S. 63).*

- Sollten in den Textpassagen, die Sie wörtlich übernehmen wollen, Fehler enthalten sein, müssen Sie diese mit übernehmen und durch *(sic!)* (lat. *sīc*, „so", „wirklich so") kenntlich machen. Diese Kommentare entfallen bei Originaltexten, die nach alter Rechtschreibung verfasst wurden. Hier werden die Passagen buchstabengetreu übernommen.

Indirekte (= sinngemäße) Zitate stellen kleinere Zusammenfassungen von Originaltexten dar, bei denen die inhaltliche Bedeutung übernommen wird, die Sprache und der Satzbau aber an den eigenen Stil angepasst wird, sodass diese z.T. sehr von dem Originaltext abweichen. Bei sinngemäßen Zitaten kann der Beleg dementsprechend auch erst nach mehreren Sätzen erfolgen.

Indirekte Zitate

Textpassagen, die indirekt übernommen wurden, werden kenntlich gemacht, indem der Quellenbeleg mit dem Zusatz *vgl.* beginnt. Zusätzlich können Formulierungen im Fließtext, wie die Nutzung des Konjunktivs oder die Nennung der Verfasser, verdeutlichen, dass es sich um ein indirektes Zitat handelt.

> *Beispiel: Schäfer und Heinrich geben an, dass beim direkten Zitieren auf Fehlerfreiheit zu achten sei (vgl. Heinrich & Schäfer, 2010 S. 63).*

Es gibt unterschiedliche Zitiersysteme, die z.B. von einzelnen Fachrichtungen, von einem Verlag oder im Fall der Facharbeit auch von der Schule festgelegt werden. Allen gemein sind die folgenden Prinzipien (vgl. DIN ISO 690, 2013-10; DIN 1505-3, 1995-12):

Grundlagen des korrekten Zitierens

- Das gewählte System erstreckt sich einheitlich über den gesamten Text.
- Die Literaturangaben müssen eindeutig und vollständig sein.
- Die Angaben erfolgen an mindestens zwei Stellen: einmal im Text hinter der Passage, die wörtlich oder indirekt übernommen wurde, und einmal im Literaturverzeichnis.

Beispielhaft werden Ihnen im Folgenden mit dem Namen-Datum-System (Havard-System) und dem System der fortlaufenden Anmerkungen (Fußnotensystem) in Anlehnung an die DIN ISO 690 (2013-10) zwei gängige Verfahren des Zitierens dargestellt.

Das Namen-Datum-System (Harvard-System) ist eine bestimmte Form des Zitierens, bei der die Nennung eines sogenannten Kurzbelegs in Klammern direkt im Fließtext erfolgt. Der Kurzbeleg umfasst den Nachnamen des Autors, das Erscheinungsjahres des Werkes und die Fundstelle, also Seitenangabe der zitierten Stelle.

Namen-Datum-System (Harvard-System)

> *Beispiel: „Wörtliche oder direkte Zitate übernehmen Sie wortgetreu aus der Sekundärliteratur. Achten Sie beim Exzerpieren und beim anschließenden Zitieren darauf, dass sich beim Abschreiben keine Fehler einschleichen" (Schäfer & Heinrich, 2010, S. 63).*

Der Vorteil dieser Methode besteht darin, dass der Leser die jeweiligen Inhalte Ihrer Facharbeit direkt mit der Quelle in Verbindung bringen kann.

Sollten Sie zweimal hintereinander in Ihrem Text auf das gleiche Werk zurückgreifen, können Sie dies durch das Kürzel „ebd." (steht für ebenda) anstatt der Nennung des Kurzbelegs deutlich machen.

Fortlaufende Anmerkungen (Fußnotensystem)

Das Zitiersystem der fortlaufenden Anmerkungen (Fußnotensystem) ist eine andere Form des Zitierens, bei der hinter der übernommenen Textstelle durch eine hochgestellte Zahl auf eine Fußnote am Ende der Seite (z.B. in Fachzeitschriften aber auch zum Ende des Textes als Endnoten) verwiesen wird.

Hier werden die entsprechenden Daten zur Identifizierung der Quelle eingefügt. Diese können entweder als Kurzbeleg (s.o) oder als Vollbeleg (Nennung der gesamten bibliografischen Angaben) dargestellt werden. Vollbelege werden jeweils nur bei der erstmaligen Zitation benannt; bei weiteren Zitaten wird der entsprechende Kurzbeleg oder das Kürzel ebd. verwendet.

> *Beispiel: „Wörtliche oder direkte Zitate übernehmen Sie wortgetreu aus der Sekundärliteratur. Achten Sie beim Exzerpieren und beim anschließenden Zitieren darauf, dass sich beim Abschreiben keine Fehler einschleichen"*[1].

Der Vorteil dieser Methode liegt darin, dass der Lesefluss weniger unterbrochen wird.

---

1 Schäfer & Heinrich, 2010, S. 63

| KV E3 | Info: Literaturverzeichnis |

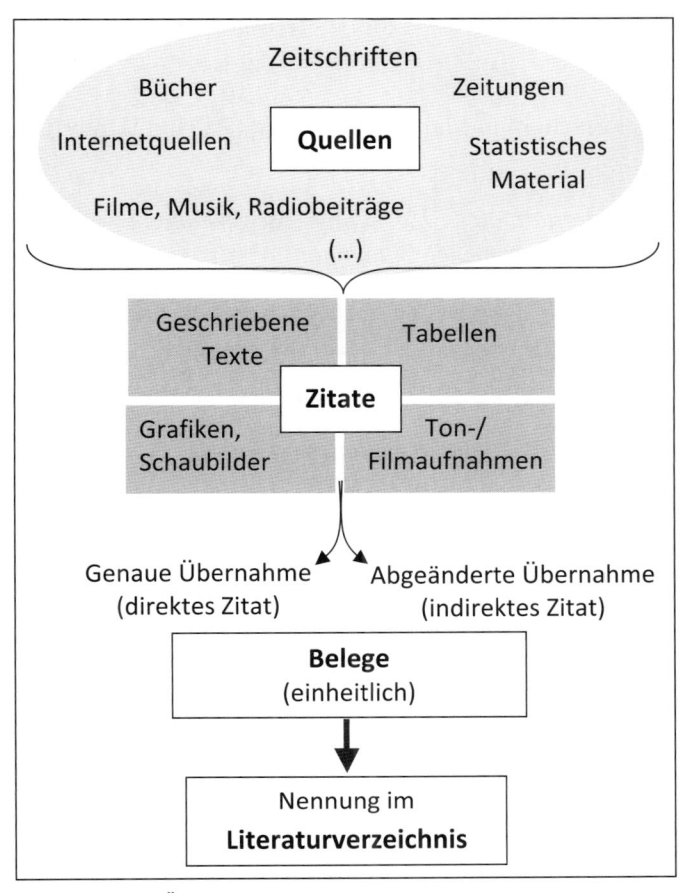

Abbildung 6: Überblick Zitieren

Quellen: Bücher, Zeitschriften, Zeitungen, Internetquellen, Statistisches Material, Filme, Musik, Radiobeiträge (...)

Zitate: Geschriebene Texte, Tabellen, Grafiken/Schaubilder, Ton-/Filmaufnahmen

Genaue Übernahme (direktes Zitat) / Abgeänderte Übernahme (indirektes Zitat) → Belege (einheitlich) → Nennung im Literaturverzeichnis

Das Literaturverzeichnis ist das Verzeichnis, in welchem alle in der Facharbeit zitierten Quellen mit vollständigen bibliografischen Angaben (als Vollbelege) sortiert und in einer einheitlichen Form aufgeführt werden. Alle weiteren Quellen, die zur Vorbereitung der Hausarbeit gelesen aber nicht zitiert wurden, gehören nicht ins Literaturverzeichnis (vgl. Kornmeier, 2009, Schäfer & Heinrich, 2010; Stickel-Wolf & Wolf, 2011).

Die Funktion eines Literaturverzeichnisses besteht darin, alle in der Arbeit verwendeten Quellen durch eine eindeutige und vollständige Benennung für jeden nachvollziehbar zu machen, sodass diese in Bibliotheken oder Internetdatenbanken wiedergefunden und ggf. beschafft werden können. Die Angaben im Verzeichnis müssen daher mit den Angaben im Text, d. h. den Kurzbelegen, übereinstimmen (ebd.).

Mit einem ersten Blick auf das Literaturverzeichnis kann eine Leserin bzw. ein Leser erkennen, auf welchen Quellen die Arbeit aufbaut und wie ausgewogen die Auswahl ist. Wurden überwiegend populärwissenschaftliche Quellen verwendet? Wurde die Arbeit überwiegend auf Internetquellen aufgebaut? Wie viele verschiedene Autoren wurden zitiert? Wie kann die Aktualität der Quellen eingeschätzt werden? – Die Antworten hierauf lassen erste Rückschlüsse auf die Qualität der Facharbeit zu.

Mit Ausnahme von ganz besonderen Zitiersystemen werden die bibliografischen Daten üblicherweise auf folgende Angaben aufgebaut:

| Name, Vorname, Erscheinungsjahr, Titel, Untertitel, Ort des Verlages, Verlag. |

Dabei beginnt jede im Literaturverzeichnis eingetragene Quelle in einer neuen Zeile und schließt immer mit einem Punkt ab.

Die genaue formale Gestaltung und das Sortierungsprinzip des Literaturverzeichnisses können dabei je nach Publikationsform, Herausgeberschaft, Fachgebiet oder Schule sehr unterschiedlich gestaltet sein (ebd.). Grundsätzlich erfolgt die Sortierung i.d.R. alphabetisch nach dem Nachnamen des Autors. Gelegentlich werden verschiedene Verzeichnisse nach Quellenart (Internetquelle, Buchquelle, Zeitschriftenquelle etc.) angelegt. In punkto Leserführung ist es allerdings einfacher, wenn alle Quellen in *einem* Verzeichnis aufgeführt werden, damit der Kurzbeleg schnell den vollständigen bibliografischen Angaben zugeordnet werden kann. Weitere Unterschiede in der formalen Gestaltung beziehen sich insbesondere auf die Reihenfolge der einzelnen bibliografischen Aspekte und die formalen Feinheiten, z. B. das Setzen von Satzzeichen, Formatierung (Fett-/Kursivdruck), Einrückung etc.

KV E4	Hilfe: Beispiele für Quellenangaben im Literaturverzeichnis

Im Folgenden sind Beispiele für Literaturangaben je nach Art der Quelle dargestellt:

- **Bücher/Monografien**
Familienname, Vorname (ggf. abgekürzt), Erscheinungsjahr, Titel der Schrift, Untertitel, Erscheinungsort, Verlag.

> *Breitschuh, Jürgen; Wöllner, Thomas (2007): Internationales Marketing. Ausgewählte Strategien zur Sicherung von Absatz- und Beschaffungsmärkten. München: Oldenbourg Wissenschaftsverlag.*

Hinweis: Die Zahl der Auflage bei Büchern wird ab der zweiten Auflage aufwärts benannt, ggf. mit dem Zusatz unveränd. (unveränderte) überarb. (überarbeitete), verb. (verbesserte).

- **Zeitschriften**
Name, Vorname (ggf. abgekürzt), Erscheinungsjahr, Titel, Untertitel, (In:) Zeitschriftenname, Jahrgangsnummer, Heftnummer, Anfangsseite des Artikels, Endseite des Artikels.

> *Köppel, Petra (2007): Diversität als Ressource nutzen. In: Personal – Zeitschrift für Human Ressource Management (2007/1), S. 12-14.*

- **Beiträge aus Herausgeber-/Sammelwerk**
Familienname, Vorname (ggf. abgekürzt), Erscheinungsjahr, Titel der Schrift, Untertitel, In: Vorname, Nachname (Hrsg.), Buchtitel, Untertitel, Anfangsseite des Artikels/Endseite des Artikels, Erscheinungsort, Verlag.

> *Eickelpasch, Rolf (2000): Postmoderne Gesellschaft. In: Georg Kneer, Armin Nassehi, Markus Schroer (Hrsg.): Soziologische Gesellschaftsbegriffe. Konzepte moderner Zeitdiagnosen; S. 11-31. München: Wilhelm Fink Verlag.*

- **Internetseite**
Familienname, Vorname (ggf. abgekürzt), Erscheinungsjahr, Titel der Internetseite (Untertitel) http-Adresse, Zugriffsdatum.

> *Wiltzius, Martin (2008): Diversity Management als ein tragfähiges Konzept zur Förderung der Chancengleichheit an Schulen in pluralen Gesellschaften?*
> *http://www.wiwis.fu-berlin.de/fachbereich/bwl/mangement/sieben/diversity-projekt/tagung/programm/wiltzius_Posterpr__sentation_finale_Vesion _26_05_08.pdf. letzter Zugriff 09.06.2014.*

- **„Graue Literatur"**
Die sogenannte „Graue Literatur" sind Publikationen, die nicht über den Buchhandel vertrieben werden und müssen als solche z.B. durch die Zusätze „unveröffentl. Magister-Arbeit", „Arbeitsbericht", „Unterrichtsmaterial" etc. kenntlich gemacht werden.

> *Müller, Manfred (2008): Inklusion in deutschen Grundschulen. unveröffentl. Dissertation.*

> Tipp: Wenn Sie bei einzelnen Quellen unsicher sind, wie genau Sie diese im Literaturverzeichnis darstellen müssen, halten Sie sich immer die Funktion des Verzeichnisses vor Augen: Welche Angaben benötigt ein Dritter, um genau diese Quelle wiederzufinden?

| **KV E5** | **Hilfe: Sortierung der Quellen im Literaturverzeichnis** |

Mit Ausnahme von ganz besonderen Zitiersystemen erfolgt die Sortierung der Quellen alphabetisch nach Autorennachname oder ggf. Herausgeberinstitution. Der Tabelle können Sie darüber hinausgehende Hinweise zur Sortierung entnehmen (vgl. DIN 1505-3, 1995-12).

	Beispiel (unvollständiger Vollbeleg)
Die Sortierung erfolgt alphabetisch (Autorennachnahme, Herausgeberinstitution). Titel und akademische Grade (Freiherr, Dr. …) werden im Literaturverzeichnis unberücksichtigt gelassen.	*Arens, Paul (2010): …* *Bundeszentrale xy (Hrsg.) (2013): …* *Jansen, Petra & Nimus, Till (2000): …* *Müller, Sebastian (1998): …* *Zewes, Rudolf (2005): …*
Bei gleichem Nachnamen erfolgt die weitere Sortierung nach dem Vornamen, ebenfalls alphabetisch.	*Müller, Manfred (2008): …* *Müller, Sebastian (1998): …*
Mehrere Werke eines Autors werden nach Erscheinungsjahr sortiert. Zunächst werden die älteren Werke, dann die jüngeren aufgeführt.	*Arens, Paul (1998): …* *Arens, Paul (2010): …*
Mehrere Werke eines Autors aus einem Erscheinungsjahr werden mit Buchstaben hinter der Jahresangabe kenntlich gemacht. Das im Text zuerst genannte Werk erhält den Buchstaben „a" usw.	*Jansen, Petra (2000a): …* *Jansen, Petra (2000b): …*
Bei zwei bis sechs Verfassern werden alle Namen genannt, bei mehr als sechs werden die ersten fünf aufgeführt, die weiteren durch drei Punkte „…" kenntlich gemacht und der letzte wieder ausgeschrieben. Bei mehr als drei Autoren reicht in dem dazugehörigen Kurzbeleg im Fließtext die Nennung des Nachnamens des ersten Autors mit dem Zusatz „et al." (und andere).	*Evans, Peter; Meyer, Robin; Friedmann, Silvia; Dubis, Michael; Frohm, Sara; Bremer, Martin; …; Schattmann, Astrid (1999): …* *Kurzbeleg im Fließtext:* *(Evans et al. 1999)*
Bei übersetzten Texten erfolgt die Einsortierung im Verzeichnis nach dem Autorennamen des Ursprungsautors. Der Name des Übersetzers wird bspw. direkt dahinter aufgeführt mit dem Zusatz (Übers.). Hierdurch bleiben die Urheberrechte gewahrt.	*Freyman, James; Petersen, Maria (Übers.) (2008): …*
Bei Veröffentlichung durch Institutionen wird diese an Stelle des Verfassers benannt, wenn ein Verfasser nicht explizit aufgeführt wird.	*Bundeszentrale für politische Bildung (2015): …*

Besonderheiten bei fehlenden Angaben:
- Name des Verfassers unbekannt? Kann trotz intensiver Recherche ein Verfasser nicht benannt werden, wird anstelle des Namens die Kürzel O. V. („ohne Verfasser") eingesetzt. Die Einsortierung im Verzeichnis erfolgt unter dem Buchstaben „O".
- Erscheinungsort nicht angegeben und auch durch Recherche nicht eruierbar, wird anstelle des Orts das Kürzel o. O. („ohne Ort") angegeben.
- Erscheinungsjahr nicht angegeben und auch nach Recherche nicht eruierbar wird anstelle des Erscheinungsjahrs das Kürzel o. J. („ohne Jahr") aufgeführt.
- Bei Fehlen der Jahrgangsnummer kann diese durch das Kürzel o. Jg. („ohne Jahrgang") kenntlich gemacht werden.

| KV E6 | **Checkliste: Zitieren und Literaturverzeichnis** |

Jede Behauptung in meiner Facharbeit ist durch Zitate belegt. ☐

Alle Zitate im Text sind mit entsprechenden (Kurz-)Belegen versehen. ☐

Alle direkten (wörtlichen) Zitate sind durch Anführungszeichen gekennzeichnet. ☐

Alle indirekten (sinngemäßen) Zitate sind durch den Zusatz *vgl.* gekennzeichnet. ☐

Die gewählte Zitiermethode/das gewählte Zitiersystem ist in der gesamten Facharbeit einheitlich. ☐

Die Gestaltung der einzelnen Zitate und Belege im Text ist einheitlich. ☐

Alle Belege sind eindeutig und vollständig. ☐

Alle Belege aus dem Fließtext tauchen im Literaturverzeichnis auf und sind mit diesen identisch. ☐

Im Literaturverzeichnis tauchen nur Quellen auf, die auch im Fließtext zitiert sind. ☐

Die einzelnen Belege im Literaturverzeichnis sind einheitlich gestaltet. ☐

Alle Einträge im Literaturverzeichnis sind vollständig. ☐

Jeder Eintrag im Literaturverzeichnis beginnt in einer neuen Zeile und endet mit einem Punkt. ☐

Alle Einträge im Literaturverzeichnis sind entsprechend der Vorgaben sortiert. ☐

4.6 Der Schreibprozess

In diesem Kapitel finden Sie Kopiervorlagen in Form von Informationstexten und einer weiterführenden Hilfe zu Inhalten, die den eigentlichen Schreibprozess bei der Erstellung einer Facharbeit betreffen. Diese können je nach Bedarf eingesetzt werden.

KV F1	**Info: Und wie mache ich das jetzt? Der Schreibprozess**

Themenwahl, Literaturrecherche, Exzerpieren, Zitieren, Bestandteile und Gliederung Ihrer Facharbeit … Das alles ist Ihnen in der Theorie klar! Doch wie schreiben Sie jetzt Ihre Facharbeit? Wie gehen Sie vor? Wie entsteht Ihr Text? Dazu gibt es leider kein allgemeingültiges Vorgehen. Das Schreiben eines wissenschaftlichen Textes wird auch durch die eigene Routine und Übung geprägt. Um es mit den Worten von Franck (2011, S. 120) zu sagen: „Wer sich einräumt, dass das wissenschaftliche Schreiben gelernt werden muss, hat gute Chancen, es zu lernen. Das Lernen sollte bereits bei der ersten Hausarbeit beginnen."

Bei der Zeitplanung zur Erstellung Ihrer Facharbeit sollten Sie frühzeitig die verschiedenen Arbeitsschritte berücksichtigen. Vor der eigentlichen Ausarbeitung Ihres Textes steht die Orientierungs- und Planungsphase mit Erarbeitung einer leitenden Fragestellung sowie die detaillierte Quellenrecherche und -bearbeitung. Die Gliederung sollten Sie – zumindest in Form einer ersten Arbeitsgliederung – möglichst früh erstellen, da diese eine zielgerichtete Recherche unterstützt und Sie Ihre Exzerpte dann direkt in Ihrer Facharbeit verorten können. Bei Facharbeiten mit praktischem Anteil muss auch für die Durchführung der Praxis ausreichend Zeit eingeplant werden.

Berücksichtigen Sie, dass der Prozess des Schreibens der Facharbeit ein iterativer Prozess ist. Sie nähern sich also schrittweise Ihrem Endergebnis – der fertigen Facharbeit – an. Die einzelnen Arbeitsschritte sind nicht ausschließlich linear abzuarbeiten und Lesen, Denken und Schreiben gehen immer wieder ineinander über. Gedanken, die Sie sich bereits bei der Wahl des Themas, der Festlegung der leitenden Fragestellung sowie der Erstellung Ihrer Gliederung gemacht haben, vereinfachen die spätere Strukturierungsarbeit und das Ausformulieren der Inhalte. Nutzen Sie Ihre Exzerpte, um die verschiedenen Gliederungspunkte Ihrer Facharbeit gezielt mit Inhalt zu füllen. Ergänzen Sie neu gelesene und relevante Aspekte sofort an der passenden Stelle. Warten Sie nicht bis zur Niederschrift des Textes; fangen Sie an und überarbeiten Sie. Manchmal gerät das Schreiben ins Stocken, weil Ihnen inhaltliche Aspekte noch nicht klar sind, sodass Sie erneut recherchieren müssen. Vielleicht verändern Sie Ihre Gliederung im Laufe des Schreibprozesses, weil bestimmte Aspekte umfassender oder weniger umfassend sind als gedacht.

Schreibblockaden im Sinne von Stockungen im Schreibprozess kommen häufig vor. Hilfreich ist es, wenn Sie sich immer wieder über Ihre Motivation, Ihre Erwartungen an sich selbst und an Ihre Facharbeit, die Anforderungen Ihrer betreuenden Lehrerin bzw. Ihres betreuenden Lehrers sowie die inhaltliche Zielsetzung Ihrer Facharbeit im Klaren werden. Finden Sie sich damit ab, dass Sie als Experte für die Fragestellung Ihrer Facharbeit am Ende vermutlich deutlich mehr zum Thema gelesen, gedacht und gearbeitet haben, als Sie in Ihrer Facharbeit direkt darstellen können.

Möglichkeiten den Schreibprozess wieder „in Gang zu bringen" sind:
- Sprechen Sie mit Dritten über die Inhalte, die Sie verfassen wollen.
- Lesen Sie fertige Textpassagen (Dritten) laut vor.
- Holen Sie sich ein Feedback dazu ein.

Wenn Sie allerdings nicht selbstständig wieder in einen konstruktiven Arbeitsprozess hineinfinden, sprechen Sie rechtzeitig mit Ihrer betreuenden Lehrerin bzw. Ihrem betreuenden Lehrer, um mögliche Probleme frühzeitig zu beleben.

| KV F2 | Info: Wissenschaftliches Schreiben – was heißt das? |

Schreiben lernt man durch Schreiben. „Wer sich einräumt, dass das wissenschaftliche Schreiben gelernt werden muss, hat gute Chancen, es zu lernen. Das Lernen sollte bereits bei der ersten Hausarbeit beginnen" (vgl. Franck, 2011, S. 120). In wissenschaftspropädeutischen Arbeiten sind auf folgende grundlegende Aspekte zur sprachlichen Gestaltung zu achten:

⊃ **Sachlich und nachvollziehbar:**
Die Inhalte Ihrer Facharbeit sollten möglichst unabhängig von subjektiven Beschreibungen und Bewertungen sein. Achten Sie auf inhaltliche und methodische Nachvollziehbarkeit. Dazu ist es notwendig,
- das methodische Vorgehen sowie auch inhaltliche Interpretationen und Wertungen entsprechend durch Zitate zu belegen
- und/oder sachlich zu begründen.
- Eigene Schlussfolgerungen sollten als solche kenntlich und logisch folgerichtig sein.

⊃ **Kritisch und differenziert:**
- Berücksichtigen Sie Gegenmeinungen und -argumente.
- Benennen Sie diese in Ihrer Arbeit und diskutieren Sie sie falls notwendig.
- Vermeiden Sie Verallgemeinerungen.
- Machen Sie sich bewusst, welche Werte oder Interessen hinter zitierten Aussagen stecken, und benennen Sie diese falls notwendig.

⊃ **Präzise und verständlich:**
Die sprachliche Darstellung Ihrer Facharbeit sollte möglichst eindeutig, exakt und verständlich sein.
- Definieren Sie zentrale Begriffe. Nutzen Sie Fach- und Fremdworte, um (komplexe) Sachverhalte prägnant zu benennen – und nicht um möglichst klug zu klingen und Sätze zu verkomplizieren.
- Liefern Sie notwendiges Hintergrundwissen, aber beschränken Sie sich dabei auf das Wesentliche.
- Vermeiden Sie Redundanzen und Abschweifungen und formulieren Sie die Hauptaussagen und Ergebnisse deutlich und direkt.

⊃ **Strukturiert und in sich vernetzt:**
- Arbeiten Sie zielführend.
- Halten Sie sich immer wieder Ihre zentrale, leitende Fragestellung und Gliederung vor Augen.
- Stellen Sie eine innere Vernetzung innerhalb Ihrer Facharbeit her, indem Sie Inhalte und Kapitel explizit durch Querverweise miteinander verknüpfen.

Insgesamt gilt: Ein guter wissenschaftlicher Text zeichnet sich nicht dadurch aus, dass ihn niemand versteht.
Weiterführend vgl. Balzer et al., 2008; Wytrzens et al., 2012; Sandberg, 2013.

| KV F3 | **Info: Die Überarbeitung der Facharbeit** |

Es sollte selbstverständlich sein, dass Sie Ihre Facharbeit vor der Abgabe sorgfältig überarbeiten. Dabei hilf Ihnen ein strukturiertes Vorgehen, um möglichst keine Fehler zu übersehen. Es ist sinnvoll, die Arbeit mehrfach durchzugehen und sich dabei immer nur eine Überarbeitungsebene zu fokussieren.

⮕ **Inhaltliche und strukturelle Überarbeitung**
- Streichen Sie Überflüssiges. Überflüssig ist alles, was nicht zu Ihrer Fragestellung gehört bzw. zum Verständnis notwendig ist. Achten Sie besonders auf Wiederholungen innerhalb eines Kapitels und über mehrere Kapitel hinweg.
- Ergänzen Sie Fehlendes. Dies betrifft nicht nur rein inhaltliche Punkte sondern auch sinnvolle Einleitungen, Überleitungen, Zusammenfassungen usw. Können Dritte Ihren Gedankengängen inhaltlich und methodisch folgen?
- Prüfen Sie die Reihenfolge. Bauen die Inhalte aufeinander auf? Sind alle Inhalte an der jeweiligen Stelle nachvollziehbar?

Gehen Sie dabei vom Groben zum Feinen, d.h. überprüfen Sie zuerst die Gesamtstruktur Ihrer Arbeit, dann die einzelnen Kapitel, Unterkapitel und Absätze.

⮕ **Sprachliche Überarbeitung**
- Überprüfen Sie den richtigen Gebrauch sowie die Notwendigkeit der verwendeten Fach- und Fremdwörter.
- Achten Sie auf darauf, dass Ausdruck und Wortwahl verständlich, aber nicht umgangssprachlich sind.
- Erfüllt Ihr Text die Grundlagen eines wissenschaftlichen Schreibstils?

⮕ **Formale Überarbeitung**
Grammatik; Rechtschreibung, Zeichensetzung, Vollständigkeit und Korrektheit der Verzeichnisse und Anlagen, korrekte Einbindung der Zitate, Fußnoten, Abbildungen, Tabellen)
- Überprüfen Sie Grammatik und Orthografie. Automatische Prüfungen in Office-Programmen sind hierbei ein Anfang, häufig werden jedoch nicht alle Fehler erkannt.
- Sind alle formalen Vorgaben Ihrer betreuenden Lehrerin bzw. Ihres betreuenden Lehrers erfüllt? Z.B. bzgl. Seitenränder, Schriftart und -größe, Seitenzahlen, Zeilenabstand, Kopf- und Fußzeilen …
- Sind Überschriften, Hervorhebungen, Nummerierungen, Zeileneinzug usw. einheitlich?
- Sind alle notwendigen Bestandteile (Verzeichnisse, Eidesstattlicher Versicherung) korrekt?
- Sind inhaltliche Aussagen vollständig, korrekt und einheitlich belegt?

⮕ **Überarbeitung des äußeren Erscheinungsbildes**
Das äußere Erscheinungsbild Ihrer Facharbeit sollte einwandfrei sein.
- Überprüfen Sie den Ausdruck auf Druckfehler sowie Flecken und Knicke.
- Sind Abbildungen, Tabellen usw. an der richtigen Stelle und vollständig (falls notwendig auch farblich) gedruckt?
- Ist die Heftung/Bindung entsprechend der Vorgaben bzw. ordentlich?

| KV F4 | Hilfe: Zeitplanung |

Das folgende Schaubild hilft Ihnen, einen Überblick zu erhalten und eine erste grobe Zeitplanung zu erstellen.

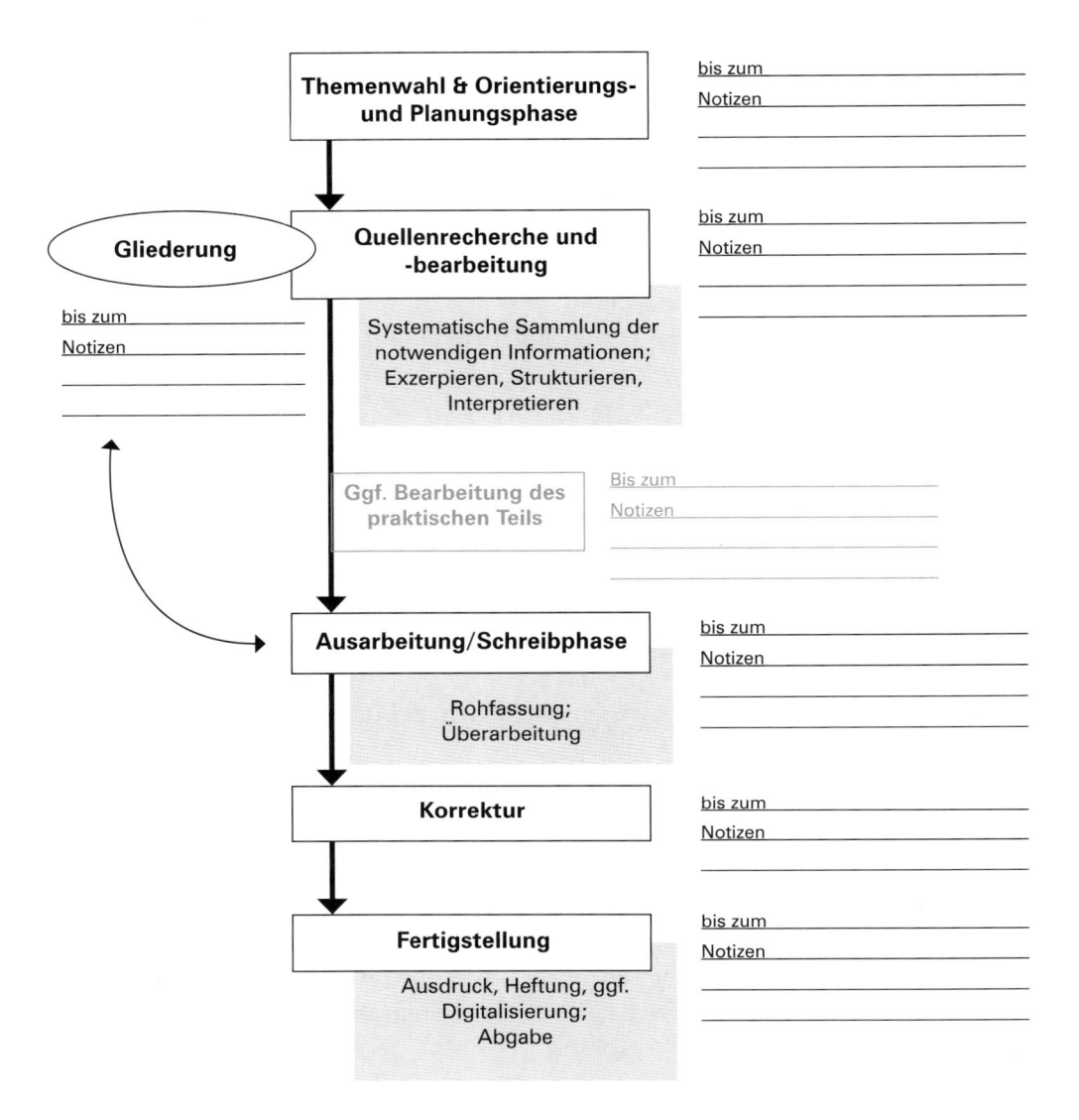

```
┌─────────────────────────────────┐      bis zum _____
│ Themenwahl & Orientierungs-     │      Notizen _____
│ und Planungsphase               │              _____
└────────────────┬────────────────┘              _____
                 ▼
  ┌──────────┐  ┌──────────────────────┐         bis zum _____
  │Gliederung│  │ Quellenrecherche und │         Notizen _____
  └──────────┘  │ -bearbeitung         │                 _____
                └──────────────────────┘                 _____
   bis zum ____    Systematische Sammlung der
   Notizen ____    notwendigen Informationen;
           ____    Exzerpieren, Strukturieren,
           ____    Interpretieren
                            │
                 Ggf. Bearbeitung des             Bis zum _____
                 praktischen Teils                Notizen _____
                            │                             _____
                            ▼                             _____
              ┌──────────────────────────┐       bis zum _____
              │ Ausarbeitung/Schreibphase│       Notizen _____
              └──────────────────────────┘               _____
                 Rohfassung;                             _____
                 Überarbeitung
                            ▼
              ┌──────────────────────────┐       bis zum _____
              │ Korrektur                │       Notizen _____
              └──────────────────────────┘               _____
                            ▼                            _____
              ┌──────────────────────────┐       bis zum _____
              │ Fertigstellung           │       Notizen _____
              └──────────────────────────┘               _____
                 Ausdruck, Heftung, ggf.                 _____
                 Digitalisierung;
                 Abgabe
```

Neben der zeitlichen Planung dieser Meilensteine sollten Sie für jeden dieser Arbeitsschritte auch eine Feinplanung erstellen. Also z.B. wann Sie welche Recherheschritte durchführen, wann welche Quellen bearbeiten, wann von wem was in Ihrer Facharbeit korrigieren lassen usw. Passen Sie diese Feinplanung an Ihre Fragestellung und Ihre persönlichen Zeitfenster an. Formulieren Sie dabei sehr konkrete Ziele und nutzen Ihnen bekannte Hinweise zum Zeit- und Zielmanagement.

5 Anregungen zur Bewertung von Facharbeiten

Da die Facharbeit eine Klausur in der Qualifikationsphase ersetzt (vgl. § 14 Absatz 3 APO-GOSt), hat sie auch hinsichtlich der Leistungsbewertung den Stellenwert einer Klausur. Laut Kernlehrplan sind Umfang und Schwierigkeitsgrad der Facharbeit so zu gestalten, dass sie ihrer Wertigkeit im Rahmen des Beurteilungsbereichs „Schriftliche Arbeiten/Klausuren" gerecht wird. Gemäß Kapitel 3 der Kernlehrpläne für die gymnasiale Oberstufe in NRW werden Grundsätze der Leistungsbewertung von Facharbeiten durch die Schule festgelegt.

Die Leistung der Schülerinnen und Schüler beim Schreiben der Facharbeit besteht u.a. in der
- kriteriengeleiteten Themenauswahl und -eingrenzung,
- sinnvollen Strukturierung der Facharbeit,
- zielgerichteten Auswahl und systematischen Bearbeitung der für die Fragestellung relevanten Quellen,
- Einhaltung formaler und sprachlicher Grundlagen wissenschaftlicher Arbeiten einschließlich der Vollständigkeit notwendiger Bestandteile/Verzeichnisse.

All dieses können Dimensionen der Bewertung sein, die unterschiedlich fein aufgegliedert und gewichtet sein können. Schülerinnen und Schülern sollten die von der Schule festgelegten Grundsätze zur Bewertung von Facharbeiten sowie die einzelnen fachspezifischen Kriterien und Anforderungen vor Anfertigung der Facharbeit transparent gemacht werden.

Literatur

Balzer, Helmut; Schäfer, Christian; Schröder, Marion & Kern, Uwe (2008). *Wissenschaftliches Arbeiten. Wissenschaft, Quellen, Artefakte, Organisation, Präsentation.* Herdecke: W3L-Verlag.

Burchert, Heiko & Sohr, Sven (2005): *Praxis des wissenschaftlichen Arbeitens.* (2. aktual. u. erg. Aufl.). München: Oldenbourg Wissenschaftsverlag.

DIN 1421. (1983-01): *Gliederung und Benummerung in Texten. Abschnitte, Absätze, Aufzählungen.*

DIN 1422-4. (1986-08). *Veröffentlichungen aus Wissenschaft, Technik, Wirtschaft und Verwaltung. Teil 4: Gestaltung von Forschungsberichten.*

DIN 1505-3. (1995-12). *Titelangaben von Dokumenten. Teil 3: Verzeichnisse zitierter Dokumente (Literaturverzeichnisse).*

DIN ISO 690. (2013-10). *Information und Dokumentation – Richtlinien für Titelangaben und Zitierung von Informationsressourcen (ISO 690:2010).*

Engelke, Ernst; Spatscheck, Christian & Borrmann, Stefan (2009). *Die Wissenschaft Soziale Arbeit. Werdegang und Grundlagen.* Breisgau: Lambertus.

Franck, Nobert & Stary, Joachim (2013). *Die Technik wissenschaftlichen Arbeitens. Eine praktische Anleitung.* (17. überarb. Aufl.). Stuttgart: UTB.

Fromm, Martin & Paschelke, Sarah (2006). *Wissenschaftliches Denken und Arbeiten.* Münster: Waxmann.

Grieb, Wolfgang & Slemeyer, Andreas (2008). *Schreibtipps für Studium, Promotion und Beruf in Ingenieur- und Naturwissenschaften* (6. aktual. u. erw. Aufl.). Berlin: VDE Verlag.

Jansen, Ludger (2013). *Wissenschaftlich Schreiben. Eine kurze Anleitung.* Verfügbar unter: http://home.arcor.de/metaphysicus/Texte/tutorial.pdf [20.12.2015].

Kornmeier, Martin (2009). *Wissenschaftlich schreiben leicht gemacht. Für Bachelor, Master und Dissertation.* (4. Aufl.). Stuttgart: UTB.

Kron, Friedrich (1999). *Wissenschaftstheorie für Pädagogen.* Stuttgart: UTB.

Landau, Kurt (2002). *Arbeitstechniken für Studierende der Ingenieurwissenschaften.* Stuttgart: Ergonomia Verlag.

Oehlrich, Marcus (2015). *Wissenschaftliches Arbeiten und Schreiben. Schritt für Schritt zur Bachelor- und Master-Thesis in den Wirtschaftswissenschaften.* Berlin: Springer-Verlag.

Preißner, Andreas (2012). *Wissenschaftliches Arbeiten. Internet nutzen – Text erstellen – Überblick behalten* (3. überarb. Aufl.). München: Oldenbourg Verlag.

Rechenberg, Peter (2002). *Technisches Schreiben (nicht nur) für Informatiker.* München: Carl Hanser Verlag.

Rost, Friedrich (2012). *Lern- und Arbeitstechniken für das Studium* (7. überarb. u. aktual. Aufl.). Wiesbaden: Springer Verlag für Sozialwissenschaften.

Sandberg, Berit (2013). *Wissenschaftlich Arbeiten von Abbildung bis Zitat. Lehr- und Übungsbuch für Bachelor, Master und Promotion* (2. aktual. Aufl.). München: Oldenbourg Verlag.

Schäfer, Susanne & Heinrich, Dietmar (2010). *Wissenschaftliches Arbeiten an deutschen Universitäten. Eine Arbeitshilfe für ausländische Studierende im geistes- und gesellschaftswissenschaftlichen Bereich.* München: Iudicium Verlag.

Sensink, Werner (2012). *Einführung in das wissenschaftliche Arbeiten. Inklusive E-Learning, Web-Recherche, digitale Präsentation u.a.* (9. aktual. Aufl.). München: Oldenbourg Verlag.

Stickel-Wolf, Christine & Wolf, Joachim (2011). *Wissenschaftliches Arbeiten und Lerntechniken. Erfolgreich Studieren – gewusst wie!* (6. aktual. u. erw. Aufl.). Wiesbaden: Gabler Verlag.

Voss, Rödiger (2011). *Wissenschaftliches Arbeiten ... leicht verständlich* (2. überarb. u. korr. Aufl.). München: UVK Verlagsgesellschaft.

Wytrzens, Hans Karl; Schauppenlehner-Kloyber, Elisabeth; Sieghardt, Monika & Gratzer, Georg (2012). *Wissenschaftliches Arbeiten. Eine Einführung* (3. aktual. Aufl.). Wien: facultas.wuv.